U0462319

传统数术名家精粹

图注旺财办公环境学

一本帮助事业成功，财运享通的风水宝典

风水智慧揭示事业成功之道；传统文化指点趋利避害玄机。

【一叶知秋、一针见血、胸罗千载、面转乾坤】

宁玉杰◎著
杨金国◎点校
刘保同◎主编

风水

汇集中国历代大师、风水典籍的实用风水精华

旺财貔貅

招财麒麟

罗盘
经天纬地的罗盘是堪舆风水的必备工具

领导者的办公环境在风水学上是至关重要的一部分，一个吉祥的方位气场对人的胆略、智慧都有一定的帮助，进而影响到生意的兴衰，事业的成败，财运的好坏。

内蒙古人民出版社

图书在版编目(CIP)数据

旺财办公环境学/宁玉杰著. -呼和浩特:内蒙古人民出版社, 2010.5(2021.6重印)

(传统数术名家精粹/刘保同主编)

ISBN 978-7-204-10491-8

Ⅰ. ①旺…　Ⅱ. ①宁…　Ⅲ. ①办公室-风水-基本知识　Ⅳ. ①B992.4

中国版本图书馆CIP数据核字(2010)第090306号

传统数术名家精粹

旺财办公环境学

宁玉杰　著

责任编辑　王继雄
封面设计　宋双成
出版发行　内蒙古人民出版社
地　　址　呼和浩特市中山东路8号波士名人国际B座5层
印　　刷　呼和浩特市圣堂彩印有限责任公司
开　　本　710×1000　1/16
印　　张　16
字　　数　220千字
版　　次　2010年12月第1版
印　　次　2021年6月第3次印刷
书　　号　ISBN 978-7-204-10491-8
定　　价　29.80元

如出现印装质量问题,请与我社联系。

联系电话:(0471)3946120　3946173

前　言

这是一个秘密，商战中一个共同的秘密，商场上旺财必须知道的秘密——传统风水学的现代商务运用。

风水是贯穿中华民族历史长河的一种传统文化，在我国建筑选址、规划、设计中几乎无所不在。现代商场上更是把它使用的炉火纯青，发挥的的淋漓尽致。古往今来，商场中能在同等条件下，脱颖而出，原因是多方面的，但有一个共守的秘密就是，看谁合理利用了传统环境学的知识，说白就是看谁最会运用旺财风水学。

公司成功风水并不是唯一的，但是，风水的好坏，对公司的发展所产生的直接影响，却是不言而喻的。这个道理其实很直白，环境有利，得时得势，公司自然兴旺发达；环境不好，财运艰辛，公司肯定难成。风水讲究“天时”“地利”“人和”三者的高度配合。“天时”重在时机的适当把握上，如国家的政策，对企业及个人发展的影响。“人和”强调个人的努力与人际关系上的和谐。“地利”则重视环境与空间的和谐，人与空间的配合。风水对于一个企业，有很多细节方面的要求，如办公楼形状，所处地段，大门朝向，室内布局，办公摆设，装修颜色等等。以及企业领导人属相与办公环境的关系，主要负责人，会计，业务人员办公环境的选择等等问题。只有互相配合，才能发挥出风水的最佳效果。

可见风水实际上就是一门环境选择和规划布局的学问。布局不同，其产生的气场也不一样，对人的影响也会存在较大的差异，导致人的思维及身体健康等诸多方面产生不利的影响。推理出来，一个环境优雅，布局合理的公司，内部的气场会使人身心愉悦、头脑清晰、思维敏捷，公司领导就不会出现决策性失误，并使公司运转正常，健康发展。相反，如果公司的环境和布局不合理，就容易出现决策性失误，公司经营不佳，甚至亏损自然在常理之中。随着人们认识的不断提高，已经有越来越多的企业领导人开始关注、利用风水，确保企业的良性发展！

本书不同于一般市面的风水书，虽然是一个简单的常识，也要用最浅显易懂的风水学专业知识来解释，此书的显著特点是，作者抱着“真传一句话，胜读万卷书”的观点，传道授业，破疑解惑，若是你能触类旁通，定会知道风水在商务办公中的合理运用，并能把握先机、掌握财富，创造一个完美、健康、成功的人生！

我有幸作为文王后裔玉黎公的三位弟子之一，尊师敬兄，追文王之风，习水布乾坤，用辩证的思维，去伪存真，去芜留精，来弘扬优秀的传统术数文化。继承与发展体现它适应时代、和谐社会、福惠万民的人文特色。也由于这种愿望，我和我的两个师哥在随师学习、研究中完成了本书的编写工作。但由于时间仓促和水平所限，在成书之际，难免会有一些不足之处，望读者敬请谅解及指正。

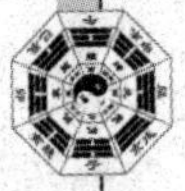

目　录

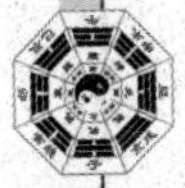

第一章
风水学基础，让好风水伴着你

什么是现代风水学

风水学理论是集地理学、星象学、景观学、建筑学、生态学和人体生命学等多种学科于一体的古代建筑规划设计理论。现代风水学不是讲封建迷信的风水，它与营造学、造园学共同组成了中国古代建筑理论的三大支柱，其宗旨是周密考察了解自然环境，顺应自然，有节制地利用和改造自然，创造良好的居住与生存环境，赢得最佳的天时、地利与人和，达到天人合一的至善境界。

现代风水学理论在其长期的实践发展过程中，吸收融合了古今中外各门科学，包括美学、伦理学，以及宗教、民俗等方面的众多智慧，最终形成了内涵丰富、综合性和系统性很强的独特理论体系，这就是现代风水学。

传统风水的意义

中国古人认为，天地人是一体的，人的心灵与天地的灵气是相通的。美好的心灵才能和美好的风水地同气感应，有美好心灵人才能得到美好的阴阳宅，才能获得风水地的吉气善待。反之，有丑恶心灵的人是无法得到美好的阴阳宅的，只能得到丑恶的阴阳宅，也就只会得到风水地的凶气惩罚的。所以风水学十分重视

风水用户和地师的心灵的塑造与净化，十分重视道德的修养与积累。福由心生，地由心造。

风水可以改天命而夺神功，这是古人对风水学的高度肯定。风水学告诉人们要能顺应自然规律，做到天人合一，要优化自然环境，这样就有了好的阴阳宅，有了好的风水地的吉气感应与荫庇，自己和后人即可以平安昌盛，所以丁财贵秀，百福臻临，如果人人家家都能获得好风水地而吉祥，社会就会因人人平安幸福而和谐，民族国家也就会因人人有为家家发达社会和谐而兴旺，这就是风水学对人类最大的贡献所在。

风水学的发展

风水学说起源于黄帝时代，至商朝时，在甲骨文中已有大量关于建筑的卜辞，如建设宗庙、宫室等，都是古人对选择居所而进行“卜居”或“卜地”的记载。

原始风水学说，是把阴宅与阳宅看成一体的。到了春秋战国时期，天文学与地理学有了长足的进步，思想学术特别活跃，有专门的著作开始总结城市建筑经验与选址理论，为后世风水理论奠定了发展的基础。

汉代以后，以阴阳五行学说为基础的观念已经形成，各种术数如卜筮、星占、相术、仙术等逐渐开始盛行起来，使风水学理论趋于成熟。被称为风水鼻祖的郭璞就出现在这个时期，所写的《葬经》，是目前公认历史上第一本给风水定义的书。

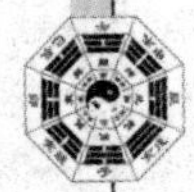

自此以后，葬地选择越来越受重视，不论阴宅、阳居，对山川形势、宅墓的方位、坐向等已非常讲究。尤其是唐朝杨筠松的《撼龙经》、《疑龙经》、《青囊经》等，均对后世产生了极大的影响。宋元已开始对太极与阴阳八卦图和理论进行阐释，罗经此时亦被广泛运用。

明清时期风水理论的运用几乎达到顶峰，当时的重要风水学著作，如徐善继与徐善述的《地理人子须知》，蒋大鸿补撰《地理辨正》，叶九升的《地理大成》等。风水学说中对择宅与选墓的理论，到了此时期已经明确分为两个不同的派别。

两个派别分别是：峦头派和理气派。前者着重于山川大地的形势与环境的选择；后者偏重于方位、座向与阴阳五行的应用。其中又分有侧重阴宅与阳宅之别。理气派的理论是建立于古代中国人对“气”的概念上，古人认为整个宇宙是由“气”生成，天地未形成之前是一个“无”，天地乃由“无”中之元气生成，轻的气上升为天，浊的气下降为地，这轻与浊的气就是阴阳二气。而传统风水的看法，都是以此种阴阳二气所讲的“聚气”原理推演而来的。

古人云：“不知峦头者，不可与言理气；不知理气者，不可与言峦头。精于峦头者，尽头功夫理气自合；精于理气者，尽头功夫峦头自见。”《山洋指迷》上说：“峦头理气，二者孰重。峦头真理气自验，峦头假理气难凭。故理气不合，而峦头真者，虽有瑕疵，不因为理气不合而不发富贵，理气合而峦头假者，定不因为合理气而发福禄，是因为峦头为理气之本也，明此矣，学者必须待峦头精熟，地之真假大小，穴之吞吐浮沉，卓然有见于胸，然后再讲求理气，就会明白乘气立向，控制消砂纳水，征岁运之用亦不可废，假如峦头还未熟，而先学理气，虽知道贵阴贱阳，来生去墓诸说，确确可据，而吉凶休咎，似与峦头无太大联系，但往往求福而致祸者，舍本逐末故也。故曰：看山之法，以势为难，而形次之，方又次之。又曰：有体方言用，光有用则失其体，可不知所先务哉。”

风水学的观念

风水学的核心思想是天人合一，人与自然的和谐。以天地为观察了解对象，以人为依归，以人为服务目的。是实实在在的人本主义学问。真正的中国古代风水学应该是一种古代人类繁衍生息，治国安民等社会活动所形成的生存知识，是一种研究大自然对人类作用的精深学问，是一种中国传统的优秀文化，是一种趋吉避凶的术数，是一种流传了几千年的民俗活动，是一种中国独有的以天人合一阴阳调和为核心的哲学思想产物，是一种由实践积累起来的经验所形成的人居环境选择优化的实用技术，是一种由中国古人的唯物唯心学术混杂而形成的博大学派，是一种科学与玄学相提并论的、精华与糟粕并存的、落后于现代技术的、超越于现代科学的系统理论，是一种宝贵的非物质历史文化遗产。

世人对风水学认识上的偏见

世人对风水学多存偏见，往往只是简单地视为封建迷信、古文化的糟粕。但什么是迷信呢？彻底的相信和肯定，是迷信，而彻底的不相信和否定也同样是迷信。

风水的基本概念并不困难。风水经常被人复杂化，原因之一，是很多风水师将风水视为绝学，刻意为风水制造神秘色彩。另一个很重要的原因，是风水具有很大的威力。风水摆设改变整个环境的磁场构造，从而影响到身边的人和事。真正的风水，是中国祖先凭借非凡的智慧，不断的体察、感悟，觉察到宇宙天地间有一种神密而又伟大的力量在支配着这个世界，并将之称之为“气”。风水理论就是建立在以“气”为理论的基础上。风水中最经典的一句话就是：“气乘风则散，界水则止，古人聚之使不散，行之使有止，故谓之风水。”这就是风水。风水贯穿在中国传统建筑活动的各个过程。从选址规划、建筑单体、园林小品、室内外装修设计到施工营造；从皇家宫殿到老百姓的民居；从活人居住的阳宅到死人安息的陵墓阴宅，几乎无所不在。目的就是要寻求营

造一处"好气场"，这可有中国大地现存的大量古建筑得到印证。

传统风水文化理论是以河图、洛书、阴阳、五行、八卦等易学文化为基础的，通过建筑布局、空间分割、方位调整、色彩运用、图案选择等隐喻和象征手段，来满足人们对自身的各种需要。目的是通过勘查天文地理，以顺应自然，理智地利用和改造自然，优选出适合人的身心健康及行为需求的最佳居住环境，使之达到阴阳调和，天人合一的至善境界。

风水包含着系统的操作技术和方法，其中"形法"和"理法"集中囊括了五千年来所形成的浩繁庞杂体系。风水有着中国独创的操作工具——罗盘，它是中国风水师或堪舆师的伟大发明，使得中国是世界上最早发现磁场、磁偏角，并在人类生产生活中实践应用的国家。

风水理论是把与建筑相关的天文、地理、气象等方面的自然知识和相应的来自生活实践中的经验相结合，所总结出的一套系统性、专业性都很强，又更具独特性的理论体系。

环境因素，与人的身心健康密切相关。把住宅建筑在自然条件恶劣，或有危害之地，采光、通风、温度、湿度都有问题的环境中，任凭多强壮的人，住久了都要生病出问题的。这从环境建筑学的角度上来看，都是有一定的科学道理的，值得我们深入研究和借鉴的。我们不能因为里面充斥着大量的阴阳五行、八卦、神煞等神秘玄学的词汇和很多现代科学尚无法解释的现象，就给它加以"迷信"、"伪科学"的帽子给完全否定掉。

正像我们对待其他事物一样，在你没有完全了解它之前，是不能下定论的。你了解它吗？不了解的话，又怎么说它是迷信呢？这不合乎逻辑。

在风水学的研究中，学者们认为自然界的磁场对人体产生明显的影响，并不断改变使我们心情愉悦、思维敏捷、健康长寿，也可以使人思维迟钝、精神恍惚、多病短寿！而风水就是在地基、居

所布局基础上增加某种信息符号，以满足人们避凶趋吉的心理要求！

风水主要有两大分支，即“峦头”和“理气”。简单来说，“峦头”主要研究阳宅或阴宅的周围环境，包括来龙去脉、来水去水等对自身的影响。至于“理气”则主要运用九宫飞星、阴阳五行、八卦等理论来研究阳宅或阴宅周围的气场。

总体来说，风水调整的目的在于协调人与环境的关系，最终达到天人合一，和谐共生。从科学的观点而言，是调整不同的磁场，不同的电磁波、声波所组成的环境。看风水就是要用人为力量，改变外界不利因素，趋吉避凶。看风水就是发挥人的主观能动性，选择适于人类生存生活的外在环境，改善不利于人类栖息的环境。看风水是积极的主动的，而不是一般人所想象的消极的被动的宿命论。风水一点也不宿命，因为风水的作用或目标，就是去改变宿命，使人生活的更舒适。

河图洛书

河图

河图，以象涵数，以数示象。它由1至10的10个自然数构成，模拟天体星象。象分四方：左东右西，上南下北。数以点计：白点为奇数，或称天数，代表阳；黑点为偶数，或称地数，代表阴。点数由下而上，左、中、右，从1到10按内外两层顺序排列。每一方位的天地数之差皆为5，而天数之总和25，地数之综合为30，其差也为5。

河图圆，圆者气也。先天之数。天数五，地数五，天数一三五七九，地数二四六八十，一二三四五为生数，六七八九十为成数，一生一成而造化之机成焉，北方天一生水，地六成之，水无土不成，故一加五为六，所以云一六共宗，南方地二生火，天七成之，火无土不成，故二加五为七，所以云二七同道，东方天三生木，地八成之，木无土不成，故三加五为八，所以云三八为朋，西方地四生金，天九成之，金无土不成，故四加五为九，所以云四九为友，五十俱为土，而同途在中宫，盖五行无土不成，无中央则不能临制四方也。

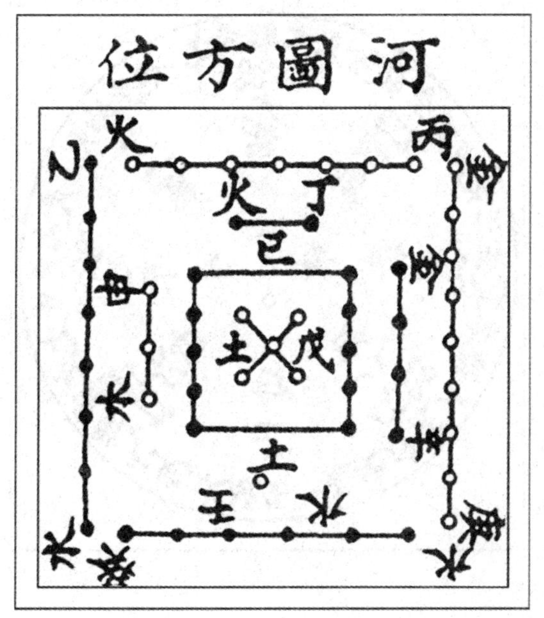

洛书

洛书由从 1 到 9 的 9 个自然数组成，浑若一幅大地方位图。其中奇数列于四方及中央，偶数则列于四角。全图相对二侧之数，加起来均等于 10，合中数则成 15。它们所代表的方位、季节等理念皆与《河图》相同，只是更为细分。

洛书方，方者形也。后天之数。其数对待合十，由河图分布而成，四正一三七九为奇，四隅二四六八为偶，五居中央，纵横十五，为流行之气机，上元一二三四为一片，下元六七八九为一片，阳奇顺布，阴偶逆布，生旺衰死，吉凶消长，以此为定论，用洛书之数，合先天子母公孙之卦而为用，数为表而爻象为里，是为挨星真诀。总之天地自然之气，非人力可以随便挪移，自然之交合。必易者随时流行之气。这也是我们风水上用的体用之理。

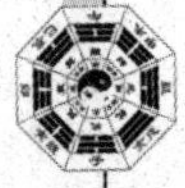

太极图

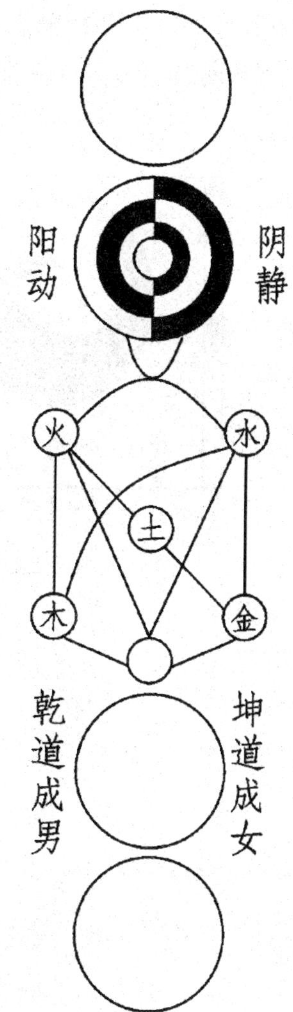

太极图蕴涵极为深广，它不仅反映了大自然中阴阳二气的运行法则，而且还隐约透露出宇宙之形成演化的过程。它以博大精深的内涵，千古永辉的义理，激励着一代又一代的研究者对其寻根溯源，探赜索隐。太极图约有三种，即周敦颐的“周子太极图”（右图）、来知德的“来氏太极图”和“先天太极图”，而以先天太极图流传最广，常与八卦相配。旧说此图为天地自然之图，有太极涵阴阳，阴阳涵八卦之妙。据清人胡渭《易图明辨》，此图环中为太极，两边黑白回互，白为阳，黑为阴：黑中白点，为阴中之阳，白中黑点，为阳中之阴。则此图主要表示阴阳二气运行、消长的情状，故有人亦认为：阴阳已分，已非太极本相，此图可谓之“两仪生四象，四象生八卦”之图。

“太极图”之魅力，不仅仅表现在它提出了一个较系统的宇宙生成模式和一套自然演化法则，更主要的还是表现在，它与世界一切事物间所具有的极其广泛的联系性上。它不著一字，却可使从事各种不同职业的人们都能从中获得有益的启迪和暗示，而且这种神奇性决不会因为时移世易而消减。太极图就象是宇宙全摄信息储存库一样，似乎是包容了自然界与人类社会过去与未来的一切知识，蕴藏着人类取之不尽的智慧。

用太极图原理来解释现代社会的现实意义。信息科技的发展，当今世界正步入全球化、多元化新时代，经济呈现全球一体化，文化呈现多元化，中国文化中的“和而不同”、“求同存异”、“以和为贵”等和谐思想展示了强大的生命力，在开创和美人生、构建和谐和社会与和谐世界中将发挥重要作用。

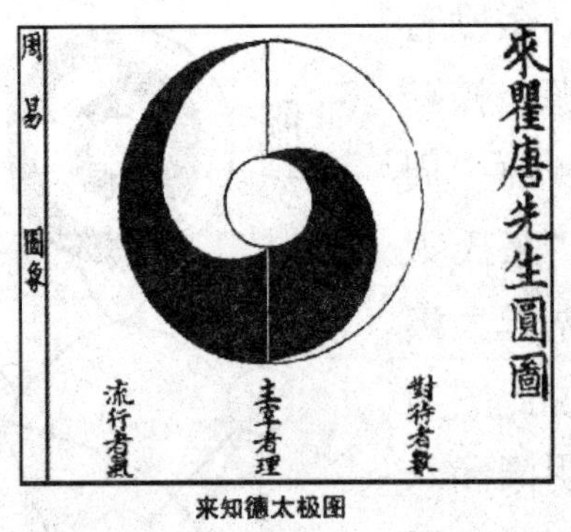

来知德太极图

来氏太极图

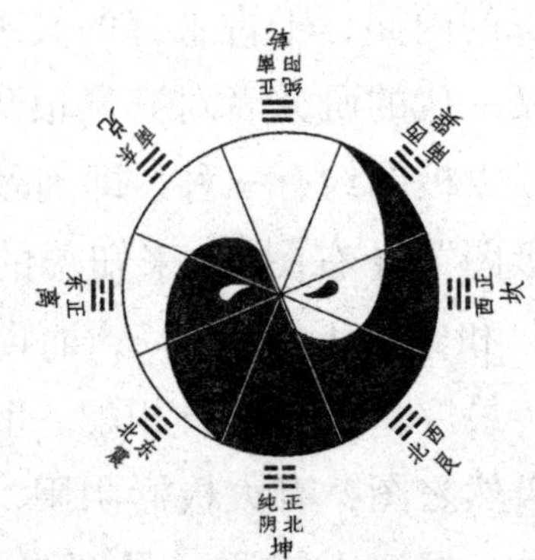

先天太极图

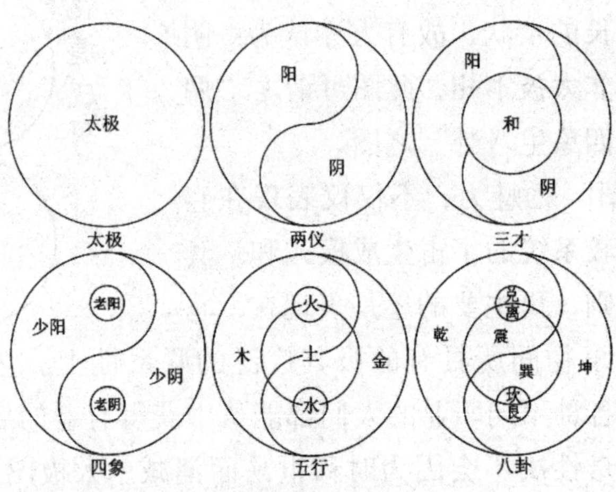

太极　两仪　三才
四象　五行　八卦

郭氏太极化合图

《易经》与现代商务关系浅释

现代商务办公的成败，人们常说需要“天时”“地利”“人和”，可这些说法于《易经》有关系吗？有。《易经》讲的是“时”“位”“度”。

在《易经》中，“时”与“位”是十分重要的概念，通常学者对“时”与“位”讲的比较多，而“度”则讲就很少。“时”就是时机（时间），“位”就是地位（位置），“度”就是尺度、量度。六十四卦是将人和事物变化的过程分为时间、空间的六个阶段或层次，“时”表示人或事物经由初爻、二爻、三爻、四爻、五爻至上爻这六个发展阶段，每一爻代表一个阶段；而“位”表示人或事物所处在六个阶段的具体爻位的位置（如第五爻位），而“度”则表示我们处理事物应根据自身情况把握必要的尺度、度量。

时就是时机，也可以是时段，以乾卦的六个爻比喻一个人的事业的六个阶段：

1、初爻曰，“潜龙勿用”，代表刚刚就业，属于事业的起步阶段；

2、二爻曰：“见龙在田”，代表工作一段时间后，才华初显，得到领导的赏识，并得到一定升迁；

3、三爻曰：“夕惕若厉”，代表地位提升后，需刻苦努力，勤勉戒慎，时时警觉，否则将半途而废；

4、四爻曰：“或跃在渊”，表示由于前期的努力，事业处于进可取誉，退可免难的转折时期，但事业依然不是最为辉煌的阶段，应保持必要的守势；

5、五爻曰：“飞龙在天”，表示事业处于如日中天的腾达之势，人生在这个时期也大有收获；

6、六爻曰："亢龙有悔"，表示人生事业不可能盈满持久，升腾到极限就应该转折了，正如人到老年以后毕竟还是要颐养天年的。以上就是人生事业的六个阶段。

位可以是职位、地位等，通常可以表示处在一个组织中的职位，仍以乾卦的六个爻位比喻一个公司的职位：

1、初爻代表普通职员；

2、二爻代表班组长；

3、三爻代表经理；

4、四爻代表部门主管；

5、五爻代表总经理；

6、六爻代表董事（长）；

以乾卦为例，卦位图示如下：

乾卦

乾卦卦位图

一个人要成就事业必须具备时、位、度三个方面的因素才能成功，只有时机（生逢其时），没有适宜的地位不成（不在其位），有了适宜的地位，把握不好尺度也不行。换个角度来说，时、位、度也就是指天时、地利、人和，人和就是尺度把握恰当的状态。通常时、位很容易理解，但是这个尺度（时中之和）却难以理解和把握。

我们知道，在人事上，乾卦代表领导，坤卦则代表下属。作为

领导要尊重下属，下属要尽力配合上级领导，以坤卦的六个爻代表下属与领导的配合关系：

1、初爻曰：“履霜，坚冰至”，表示两者配合关系还刚刚起步，相互不太了解，下属要保持如履薄冰的心态，戒慎惊惧；

2、二爻曰：“直、方、大，不习，无不利”，表示下级与上级敞开心扉，坦诚相待，双方初步得到认可与信任；

3、三爻曰：“含章可贞”，表示由于下级含而不露，保持低调，不邀功自居，故上下级配合关系也达到含蓄而可心的程度；

4、四爻曰：“括囊，无咎无誉”，表示下级咸口不言，谨慎从事，故两者关系配合密切，无需语言表达，就能够相互沟通的程度；

5、五爻曰：“黄裳，元吉”，表示上下级相互尊重理解，配合得当，圆满圆融，各美其美。

6、六爻曰：“龙战于野”，表示上下级关系到了穷尽之地，开始争斗，其结果是两败俱伤。

由乾卦与坤卦的六爻结构变化显示，由初爻、五爻到上爻都有一个过极而变的内涵，这就是因过度而走向反面的意思，这就是尺度的变化。因此，六个爻位除了可以代表“时”之外，也可代表“位”，还可以代表“度”。所谓“度”，就是我们做事情都要把握的尺度，坚持的原则，不能为过。作为上级要尊重下属，并关心其发展，要平衡内部关系，要主持公平，坚守正义，要把握一定的原则。反之，如果上级不主持公道，没有原则，失去正义，超越了其所应有的尺度，下属必然会离心背德，甚至是揭竿而起，在公司当然就是炒老板的鱿鱼了，或者内部紊乱。当然，作为下级对上级也应把握一个尺度，这样的团队才能和谐，才能有所作为。如果一个老板对属下不负责任，克扣工资，违法乱纪，已经超越了必要尺度，我们还要与其无原则的配合吗？

当然，如果下级与上级之间为了利益关系配合失当，彼此沆

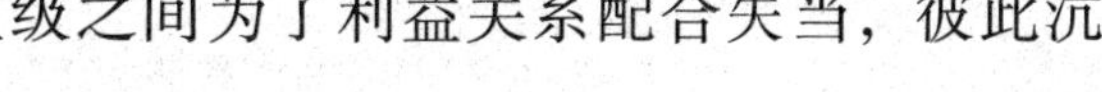

瀣一气、拉帮结派必然导致内部矛盾重重，人心涣散，这也超越了正常的上下级关系的尺度，也就是坤上爻所说的“龙战于野，其血玄黄”。

五行生克

五行，指金、木、水、火、土。五行学说是中国古代哲学的根本。五代表五类属性不同的物质，他们之间相互联系又相互制约。五行学说不仅是一种宇宙观，也是一种朴素的系统论。这种朴素的唯物辩证法思想，它贯穿于我国古代思维现象的各个领域。

风水术上认为，相地奥妙，尽在五行之中。山川形势有直有曲，有方有圆，有阔有狭，各具五行。概其全要，惟测其气，验其质。质以气成，气行质中。地理千变万化，关键在五行化合相生之气。在风水师眼中认为，五行是阴阳之纲领，造化之权衡。拔砂、放水、辩方；立向都得依靠五行。可是在实际运用中，五行有许多分类，目前最准确的为正五行。

古人通过观察自然认为，宏观世界由金、木、水、火、土五种物质组成。

金：指金属、矿物质等，是生产力不发达的古代生产生活必备的物质。

木：指森林、花草及一切木器，是人们的建筑、家居、生活所用的基本物质。

水：指河流、泉流等，也是人们生命、生产、生活的最基本物质，任何生物没有水都无法生存，择水而居就是这个道理。

火：是使人们生活得以改善的重要物质，古人生火以烹饪、制作陶瓷器皿，所以火也是生产生活中必不可少的。

土：是地球表面最常见的基本物质，万物以土资生，是万物之母。没有土也就无法生存。

五行是我国古代先人通过观察自然，而对自然最为客观实际的科学认识，“五行”是对客观世界的基本的一个分类，万事万物都可纳入其中，同时，也表示各种物质在不断运动中，相互转化，相互制约。

我国古人通过长期劳动实践发现，五行之间属性各不相同，两物质相遇时，会产生不同的关系，如果能顺而为茂，是为相生，即资生、助长之意；逆而为削、是为相克，即克服、抑制之意。

木生火、火生土、土生金、金生水、水生木。钻木取火，木火相生；炼土成金、土金相生；火化为灰，火土相生；金沉于水，金水相生；水以浮木，水木相生。

反之水克火、火克金、金克木、木克土、土克水。水以灭火，水火相克；火以熔金，火金相克；金以木枯，金木相克；木以据土，木土相克；土以掩水，土水相克。

相生与相克的关系是为了让人们了解客观规律不可悖逆。原则是：力求自然，不刻意逆施。比如单行道上就不该逆向行驶，比如水往低处流，人往高处走，就不要刻意围堵或压抑志向，而应当按照客观事物的规律办事。

五行的顺序：水一、火二、木三、金四、土五，是根据河图而来，也就是一六北方水，二七南方火，三八东方木，四九西方金，五五中央土，取一二三四五之数，以五为中，加一成六为阴居北，加二得七为阳居南，加三得八为阴居东，加四得九为阳居西，加五得十为阴归本位。

先天八卦

先天八卦的产生及次序

实践操作风水时要用到罗盘，可是有的用后天八卦，有的用先天八卦，有的人就被搞糊涂了，怎么用？为什么？实际就一句话把两个问题解释清楚了，有先才有后，先天后天有次序，先天为体，后天为用。可是先后天又怎么来呢？下面我们就重点讲解一下。

传说，八卦是由距今七千多年的伏羲氏观物取象，依据阴阳派生原理所作。《易·系辞上传》说："易有太极，是生两仪，两仪生四象，四象生八卦。"这就是先天八卦及其产生的过程。在这个演变过程中，首先是太极，其次是两仪，最后是八卦，它们是宇宙形成的过程。

先天八卦图

太极是什么？太极就是一，是道，是天地未分时物质性的浑沌元气，《说文解字》中说："惟初太极，道立于一，造分于地，化成万物。"就是这个道理，古人用一个圆表示太极之元气浑然之象，是造分天地的根源。

太极动而生阳，静而生阴，所以生两仪，我们平常称两仪为一阴一阳，故《易·系辞上传》说："一阴一阳之谓道。"古人观天下万物之变化，不外乎由太极而生阴阳，故画一奇以象阳，画一偶以象阴。阳就是阳爻，用"—"表示，单为阳之数；阴就是阴爻，用"－－"表示，双为阴之数。这就是构成八卦的基本符号（也称卦画），是反映形态矛盾和万物演变过程的最基本的阴阳二气符号。

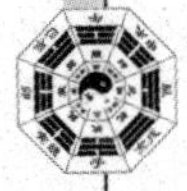

一阴一阳这个两仪又各生一阴一阳之象，就是一分为二，生

出四象，四象即少阳、太阳、少阴、太阴，分别用四种不同的符号表示，是谓“两仪生四象”。四象是天地阴阳二气在自然界中的变化，也代表春、夏、秋、冬四时，《易·系辞上传》说：“是故法象莫大乎于天地，变通莫大乎四时。”这里“天地”二字是两仪的注脚。

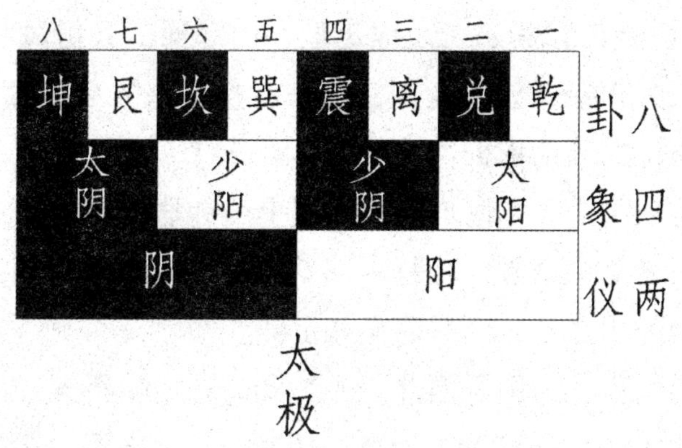

先天八卦次序图

四象再各自生阴生阳（一分为二），生出八卦。即四象生八卦，也就是说在少阳、太阳、少阴、太阴这四象上，分别各加一阳爻或阴爻，“迭之为三，”即产生八种新的符号，如在少阴上加一阳爻，生成叫做离卦；在其上加一阴爻，生成叫做震卦，依次类推，生成乾一、兑二、离三、震四、巽五、坎六、艮七、坤八，这种八卦排列次序及其卦数，就是先天八卦之数。先天数的产生，是由浑沌太极，无形无象也无定位，只是一气相生，阴阳次第相加，而自然造化一至八数，故谓“先天”。

从八卦的爻位来看，八卦是由三个阳爻或三个阴爻，及一阳爻两个阴爻，两个阳爻与一个阴爻的不同排列组合而成的。八卦最早用来代表天、地、雷、风、水、火、山、泽八种基本象征意义，并表示健、顺、动、入、陷、丽、止、说八种性质，它们反映用矛盾对立的乾坤、震巽、坎离、艮兑、象征矛盾对立的天地、雷风、水火、山泽。

八卦即成，它们代表世间万物的八种基本性质，万物万事的性质可以抽象为八种，换句话说，自然界、人类社会的各种现象皆可纳入八卦。

先天八卦的方位

《易·说卦传》说："天地定位，山泽通气，雷风相薄，水火不相射，八卦相错，数往者顺，知来者逆，是故易逆数也。"这是先天八卦方位的理论依据。

其方位依次为：乾南坤北，天居上，地居下，南北对峙，上下相对。从两卦爻象来看，乾是三阳爻组成，为纯阳之卦；坤是三阴爻组成，为纯阴之卦，两卦完全相反。

山泽通气：艮为山居西北，兑为泽居东南，泽气于山，为山为雨；山气通于泽，降雨为水为泉。从两卦爻象来看，艮是一阳爻在上，二阴爻在下；兑是一阴爻在上，二阳爻在下，两卦成对峙之体。

雷风相薄：震为雷居东北，巽为风居西南，相薄者，其势相迫，雷迅风益烈，风激而雷益迅。从两卦爻象来看，震是二阴爻在上，一阳爻在下；巽是二阳爻在上，一阴爻在下，八卦成反对之象。

水火不相射：离为日居东，坎为月居西，不相射者，离为火，坎为水，水得火以济其寒，火得水以减其热，不相息灭。从八卦爻象来看，离是上下为阳爻，中间为阴爻；坎是上下为阴爻，中间为阳爻，两卦亦成对峙之体。

从八卦卦爻明显看出，除乾坤两卦为纯阳纯阴卦外，震、坎、艮卦都是由一阳爻两阴爻组成，而且爻画均为五，为奇数，为阳数，故此三卦为阳卦。巽、离、兑三卦都是由一阴爻两阳爻组成，而且爻画均为四，为偶数，为阴数，故此三卦为阴卦。

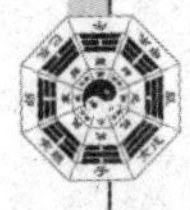

先天八卦方位与先天卦数的排列形式，由乾一至震四，系由

上而下，再由下而上旋至巽五，由巽五至坤八又由上而下，其路线形成S形的曲线，这种运动方式称为“逆行”，从S形的轨迹形运动中，由乾至坤是按先天卦数乾一、兑二、离三、震四、巽五、坎六、艮七、坤八排列的，这种从上而下，先左后右，由少至多的数字排列方式，称作“逆数”，反之，由坤至乾，从下面的开始，由下而上，先右后左，由多至少的数字形成倒行的方式，称作“顺数”。

“数往者顺，知来者逆”。是以先天八卦方位图中分为界，从上乾一数起向左下数为一、二、三、四，是指已发生过去的数，好比以今天（一天）起计算以往的天数，有昨天（二天）、前天（三天）、大前天（四天）……就是说从今天追数往日，即“数往者顺”，其数为“顺数”。自震四至乾一，从爻象来看，震为一阳生，离兑为二阳生，乾为三阳生，反映了阳气上升的过程。其数为四、三、二、一，顺而左旋以仿天行，故为顺数，其卦为已生之卦。由巽五、坎六、艮七、坤八之数，是指还没有发生的数，好象某事到今天已经四天了，明天（五天）、后天（六天）、大后天（七天）、大大后天（八天），逆而推知，其数五、六、七、八逆而下之右旋，称作“逆数”。在卦，说明阳气至乾已极，由巽始阴气萌生，(指事物发展到一定阶段将向相反或新的方面变化)，推测其未来，必然是巽为一阴生，坎艮二阴生，坤为阴极三阴生，故巽、坎、艮、坤，又称未生之卦，顺逆之数的运行反映了先天卦圆图中有一种螺旋运动，有逆也有顺，逆中含顺，顺中隐逆。按先天八卦乾坤、艮兑、震巽、坎离两两相对之本，每一对中都含有顺逆、奇偶、阴阳，即阴中含阳，阳中含阴，阴阳错综交变，这就是先天八卦方位图中的矛盾对立统一的辩证思想，是八卦本着阴阳消长，顺逆交错，相反相成的宇宙生成自然之理，来预测推断世间一切事物，数不离理，理不离数。

后天八卦

后天八卦的次序

后天八卦从效法自然和社会的角度，给八卦规定以男女长幼之别，以乾天为父，坤地为母，而生震、巽、坎、离、艮、兑六子。《易·说卦传》说：“乾，天也，故称乎父。坤，地也，故称乎母。震一索而得男，故谓之长男。巽一索而得女，故谓之长女。坎再索而得男，故谓之中男。离再索而得女，故为之中女。艮三卦而得男，故谓之少男。兑三索而得女，故谓之少女。”索，求也，是言乾坤阴阳互相求交。凡阳先求交于阴，则阳中而得男；阴先求交于阳，则阴入阳中而得女，三男本坤体各得乾之一阳而成，男阳根于阴也；三女本翥体各得坤之一阴而成，女阴根于阳也。

从三男震、坎、艮，看其爻象均为一阳二阴为阳卦，谓之“乾道成男”，从三女离、巽、兑，看其爻象均为一阴二阳为阴卦，谓之“坤道成女”。这就是以少统多的原则。

以家庭中的父母子女关系比拟八卦，表明乾坤是阴阳之根本，万物之祖宗，这如同家庭一样，先有父母然后才能有子女，有子女然后有子子孙孙。所以乾坤生六子，六子为男女，且有长幼之分，对有血气者，如人、兽、禽、虫等，可理解有男女雌雄之分，对宇宙万物而言，则是指变化规律，非专指

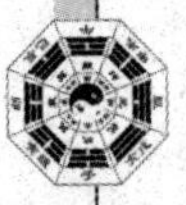

其有形之男女，即天地生万物，万物无不分两性。

八卦歌诀取象歌

乾三连坤六断，兑上缺巽下断。

离中虚坎中满，震仰盂艮覆碗。

后天八卦的方位

《易·说卦传》说：“万物出乎震。震，东方也。齐乎巽，巽，东南也。齐也者，言万物之絜齐也。离也者，明也，万物皆相见，南方之卦也。坤也者，地也。万物比如致养焉，故曰：至役乎坤，兑，正秋也，万物之所说也，故曰：说言乎兑。战乎乾。乾，西北之卦也，言阴阳相薄。坎者，水也，正北方之卦也，劳卦也，万物之所成终，而所成始也，故曰：成言乎艮。”这是后天八卦的理论依据。先天八卦讲阴阳对峙，后天八卦讲流行。所谓流行就是阴阳八卦导化运动的规律，如阴阳的依存互根，五行的相生相克，一年的四时八方推移，万物的生长收藏等都在这个规律之中。

天地万物的规律，是从春天开始活动、生长，到冬天而成终成始。这个规律每年即三百六十日循环一周，八卦用事各主四十五日，这就是按时间顺时针方向运转的后天八卦方位，也称文王八卦图。

震卦，方位在正东，于时为正春，此卦所占四十五日正值万物开始出生，也就是说宇宙间万物都原自东方开始，故曰：“震，东方也。”

巽卦，方位在东南方，于时为春末夏初，此卦所占四十五日正值万物出现在地上，在微风的吹拂下，一片新鲜整齐，故曰：“齐乎巽，巽，东方也。”

离卦，方位在正南，于时为正夏。此卦所占四十五日阳气已

盛，在阳光照耀下草木繁盛，鸟兽出动，万物欣欣向荣，彼此相见。故曰：“离也者，明也，万物皆相见，南方之卦也。”

坤也，方位在西南，于时为夏末秋初。此卦所占四十五日，正值万物都从大地里取得了充足的养分而茁壮成长，故曰：“致役乎坤。”

兑卦，方位在正西，于时为正秋。此卦所占四十五日正值万物已长成，收获在望而喜悦，故曰：“说言乎兑。”

乾卦，方位在西北，于时为秋末冬初。此卦所占四十五日正值阳尽阴生，万物由成熟走向枯老，进入生与死的搏斗时期，故曰：“战乎乾。乾，西北之卦也。”

坎卦，方位在正北，于时为正冬。此卦所占四十五日，指万物春生、夏长、秋实之后已经疲劳衰老不堪，气息奄奄，进入冬藏阶段，故曰：“万物之所归也。”

艮卦，方位在东北方，于时为冬末春初。此卦所占四十五日介于阴阳交替之间，指旧的生命停止了，新的生命又开始，万物的新陈代谢终始相因，如此反复生生不已，无有穷尽，故曰：“万物之所成终，而所成始也。”

《易·说卦传》中，自“万物出乎震”至艮卦，用八卦配八方，配四对，论述了万物产生和发展的时空条件，此即后天八卦的“世界模式图。”

天干地支和五行方位

十天干，十二地支，合在一起简称干支。每个干支含有各种特定信息，大无不包，细无不化。实践运用中有无数层解释，不能生硬地去理解，需要综合利用。总的说来干支五行学说属于中国古代的哲学范畴，是古人理解自然和看待世界的一种说法。体现了生命与自然、时间、空间的统一。

天干地支配合，可组成六十花甲，用于历法记时。天干地支和八卦相配合成二十四山，代表方位，用于风水罗盘上。同八卦、二十八宿等相结合，成为划分天球区域的时空标志。在此要说明的二十四山是中国风水术实用操作方法中的定位方法，是使用的表现，因研判对象时遵照先天为体，后天为用的法则，所以一般采用后天八卦。

十天干：甲、乙、丙、丁、戊、己、庚、辛、壬、癸。

十二地支：子、丑、寅、卯、辰、巳、午、未、申、酉、戌、亥。

十天干配五行

甲乙同属木，甲为阳木，乙为阴木；
丙丁同属火，丙为阳火，丁为阴火；
戊己同属土，戊为阳土，己为阴土；
庚辛同属金，庚为阳金，辛为阴金；
壬癸同属水，壬为阳水，癸为阴水。

十天干配方位

甲乙东方木，丙丁南方火，戊己中央土，庚辛西方金，壬癸北方水。

十二地支配五行

寅卯属木，寅为阳木，卯为阴木；
巳午属火，午为阳火，巳为阴火；
申酉属金，申为阴金，酉为阴金；
子亥属水，子为阳水，亥为阴水；
辰戌丑未属土，辰戌为阳土，丑未为阴土。

十二地支配方位

寅卯东方木，巳午南方火，申酉西方金，亥子北方水，辰戌丑未四季土。

辰、戌、丑、未在每个季节的最后一个月，故为四季土。

十二地支配十二生肖

子鼠，丑牛，寅虎，卯兔，辰龙，巳蛇，
午马，未羊，申猴，酉鸡，戌狗，亥猪。

干支相配

六十甲子为十天干在上，十二地支在下，天干五行就是地下之五方，地支就是天上的十二辰。以太阳系来论，天上日月金水木土火为七政。天上每辰有三十度，而一周天为三百六十度，正配于十二地支，也就是每年有十二个月，而地下三十日成一月，十二个月正好组成一周天，也就是一年。凡学地理的应该注意这一点，五行是地理的立论基础，其根本在于日月之运行而成的一年四季十二月二十四节气。

属性	金		水		木		火		土	
生克	土生金 火克金		金生水 土克水		水生木 金克木		木生火 水克火		火生土 木克土	
阴阳	阳	阴	阳	阴	阳	阴	阳	阴	阳	阴
对应天干	庚	辛	壬	癸	甲	乙	丙	丁	戊	己
对应地支	申	酉	子	亥	寅	卯	午	巳	辰戌	丑未
对应生肖	猴	鸡	鼠	猪	虎	兔	马	蛇	龙狗	牛羊
对应方位	西方		北方		东方		南方		中央	

属性	金	水	木	火	土
对应旺季	秋季	冬季	春季	夏季	四季末
对应八卦	乾、兑 乾为天 兑为泽	坎 坎为水	震、巽 震为雷 巽为风	离 离为火	坤、艮 坤为地 艮为山

文以载道。文字是用来承载道体的，天干与地支同样也具有承载作用。天干承载的是天之道，地支承载的是地之道；故知天干是入天之通道，地支是法地之通道。

在天成象，在地成形，在人成运。天道和地道决定着人道，故设天干地支以契天地人事之运。天地定位，干支以定时空，时空以定世界。干象天而支象地，万物虽然都长在地上，但是万物的生长却离不开天。可见干支是经纬之学！经，贯穿南北，连接上下；纬，贯穿东西，连接左右。道法自然，法天象地，顶天立地，经天纬地。

二十四山

《青囊序》曰：先天罗经十二支，后天再用干与维，八干四维十二支，平分天地二十四。

古人将一个圆周 360 度分成二十四等份（即将八卦的每卦再分作 3 等份），这样平分的每个方位角各占 15 度，为一“山”。风水学上所称为坐“某山”，是指坐方在其 15 度的范围之内。

将八个天干中的甲、乙排于东方，丙、丁排于南方，庚、辛排于西方，壬、癸排于北方；然后将十二地支：子丑寅卯辰巳午未申酉戌亥插入其中；最后由乾、坤、艮、巽四维列入天地四角，共计 24 个字来分别命名。

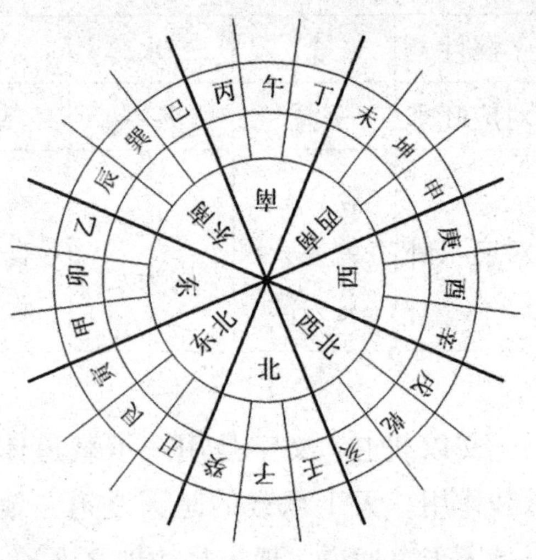

因为后天八卦为用，二十四山方位是风水的操作方位，所以二十四山所分属后天八卦。

即：坎卦壬子癸（居北方）、艮卦丑艮寅（东北方）、震卦甲卯乙（东方）、巽卦辰巽巳（东南方）、离卦丙午丁（南方）、坤卦未坤申（西南方）、兑卦庚酉辛（西方）、乾卦戌乾亥（西北方），这就是通常所说的“一卦管三山”。

二十四山方位在风水学上是最基础的知识，但也是最重要，最常用的知识，一定要牢牢记住。二十四山，精细地表示建筑物的坐向与天地宇宙的相互关系，并由此可展开阴阳五行相生相克，八卦卦变爻变的吉凶辩证关系。在中国风水学中，二十四山不仅可论门、房、灶的方位吉、凶，也可用于择日，诸如：坐午向子的阳宅，假如择日搬迁，则不宜选择子日，因为子日冲坐山的缘故。

峦头与理气的关系

风水学实践理论最高原则要求峦头与理气配合。

阳宅风水中的峦头是指住宅屋宇所在之周围环境及室内空间摆放环境，而理气是根据阴阳五行、八卦、河图、洛书、神煞、八字、元运等理体系推算出来适合居住的宜忌。先天为体，后天为用，故阳宅以峦头为体，理气为用，来龙为体，方向为用，室外为体，室内为用，结构为题，摆放为用，二者紧密联系，相辅相成，缺一不可。

在此需要重点说明一下，风水要峦头为体，理气为用，这已

是风水学的千古名言，每一个爱好风水习风水的人，肯定都可以随口说出这句话。但是说归说，能在实践中时刻记住这句话，并灵活运用的人，却又少之又少。清初地理名师蒋大鸿也曾说过："峦头，体也；理气，末也；天星，末之末也"。所以不要听信一些笨蛋风水师张口闭口讲，理气比峦头更加重要，天星飞临就能大富大贵，罗经差一线，富贵便不见等等，这只不过是江湖术士小计骗钱混饭罢了。

一般观察宅运风水时，首先观察大小峦头与住宅之配合，（大峦头大是指住宅之周围环境，而小峦头是指室内之布局）再用罗盘或指南针，测量出住宅之坐向，然后用理气断出吉凶。观察阳宅最重要的是气口，其次要观察屋内布置是否自然，空气是否流通，再观察屋内卫生、防灾、防盗等细节是否完善。屋内忌阴森、曲折、歪斜等布局，因这一切都会影响到居住者的心理、情绪及精神，至令其事业、财运、社会地位等受影响。住宅之大门，好象人之呼吸器官，若吸入之气是清新的，则身体健康，若吸入之气是污浊的，则身体衰弱。故若大门能引入生气则吉，主人事兴隆，若引入之气凶，则人事易败。另外，宅运必须配合居住者之八字，五行是否与其住宅相配，而屋内分布是否宾主相配合，这也是非常重要和不能忽略的。

商业什么情况下应看风水？

风水学是中国古人留给我们宝贵的文化遗产，既然风水学在中国流传了几千年，自有他的魅力所在。可是什么时间看风水呢？我们先从专业方面上说说，看风水就是勘察风水，分析风水，检查风水，论证风水，选择风水。逢凶化吉，趋吉避凶。古人认为，风水可以改天命夺神功。一般的人都应该了解自己风水哪方面优缺点了。这对以后要做事时，或者需要改善优化风水时，心中就更有底了，也就不会亡羊补牢，病急乱投医了。合理的调整，则会薄积厚发，当水到渠成时，缘来福到。但是看风水就象看医生，一个人好端端的，当然不用看风水了，特别是家中运气正好，千万不要乱看风水，乱请风水师。

有句话叫“穷不改门，富不迁坟”，其理就是不要乱看风水。不过在有些情况下，不看就不行了，正象一个人，有了病，如果不看，小病就会酿成大病。所以该请风水师时必须得请，而且要请名师，千万不要让庸师或是沽名钓誉，不学无术之辈不治病，反带来祸害。所以说我们要多了解一点风水基本知识，风水的基本法则，本书不同于市面上一般图书的地方，在于用专业的知识解释最深奥的玄理，形理结合，触类旁通，看完此书，自会得到风水的真谛，自会辨别风水的优越，风水师的高低。

在商务办公中，什么情况下应当看风水，该认真考虑请风水师了：

做大事之前要抱慎初的心预先看风水。

工作业务顺利时更要用防范的心态看风水。像做定期体检一样。

公司无缘无故地发生很多意想不到的事情时。

住宅位置、工作地点（包括办公位置）变化时，不论换地方还是扩大规模。

办公周围的环境发生很大变化时，如起了一栋楼，修了一道桥，移来或移走一棵大树、大石、雕塑，挖了一个水池时。

搬迁到新的办公环境后，发生了很多突如其来的事。

稳定而又满意的工作突然无故发生了变动。

公司的财运忽高忽低，或突然表现一落千丈时。

公司人员变得不稳定，公司人员及自己情绪经常无法控制时。

如以上情况，最好请风水师看看，有可能会起到意想不到的效果，能对健康，家庭、财富，官贵等等有着深远而巨大的影响。

第二章
选好地址，商务办公名利双收

一、定位，找到最适合的发展坐标

【提要】人从出生开始，他什么时候处于高潮，什么时候处于低落，什么时候该进，什么时候该退，都是有规律可寻的。你是适合于财运还是适合于做官运，适合于南方，还是适合于北方，整个情况在先天命理当中，都有他的显示。适合于在南方，你非到北方来，那就达不到预期的效果。还有进退，该进的进，该退的退。知进，知退，方为人中君子。

找准人生涉及到财、利、名、望的大方位，是拥有好的商务风水的第一步。

商务风水涉及到商务层面所包含的是区域，及区域中的具体位处，即在大区域全局中把握具体工作空间载体，位处的吉祥细节。区域环境是指站在世界的、国家、全局的环境概念，在我国譬如南方、北方、北京、南京、上海、广东等，是区域环境，也就是风水上统称的“大环境”，而北京、南京等城市依方位或城市发展因素，又存在不同的区分，拿北京为例，有以科教文化而兴起的中关村高端技术商务区，有以集世界各国使馆密集优势而发展起来的北京 CBD 商务区，这是区位风水上的“中环境”概念。而这种区分之下，在一城市各自的经济人文区分之下，会在大的商务区范围内有许多的区划，譬如以中关村高端技术商务区为例，有以计算机为主的中关村中心区，还有以中关村为辐射的上地留学归国人员创业园区等，这如同风水上的“小太极”“小环境”概念。

东方明珠塔所在的上海浦东新区陆家嘴，现在
已是上海最具魅力的地方，国际级融中心商务区

问题★决断

工作环境风水好，一般说来可以一顺百顺、遇难呈祥、逢凶化吉，否则就可能屋漏偏遭连夜雨，行船更遇顶头风。倒霉的人常常摇头叹气：“真倒霉，喝凉水也会塞牙！”是呀，倒霉或幸运大都与工作环境好坏有关，工作环境是极为重要的，应该慎重选择。

问题1　消费水平：消费水平是选择工作场所、投资环境的第一个要素。

♨决断：消费水平的高低会对你的事业发展产生重要影响。如果你是高消费的工作技能或项目，在低消费地区就很难发展。

你要办赛马场、三星级以上餐饮饭店，就一定要到已经具备的这种消费条件的地方去运营它。

♢**问题2** 消费水平：能源供应状况：搞生产经营，必须和供电、供水、供煤、供气等密切相关。

♨**决断：** 你所需要的能源供应要求必须与当地供给水平相适应。如果满足不了你的需求，到时就会骑虎难下，无法发展。

♢**问题3** 消费水平：交通状况：现在中国交通状况虽然普遍发展很快，但仍然存在发达和落后之分。

♨**决断：** 有的工作和生产对交通状况要求不高，有的却是它的生命线。为什么现在大工业基地都是在城市附近，而不会在偏僻的山区呢，这主要就是一个交通问题，生产的产品运不出来，或者因为运费昂贵“豆腐花了肉价钱”得不偿失，事业就无法生存和发展。

♢**问题4** 民族风俗习惯：凡到一个地方投资或工作，就必须了解当地的民族风俗习惯，从而可以确定自己事业的定位和发展的方向。

唐人街有浓郁的中国特色，保持传统中华文化，街上长年彩旗招展，各样商品百花齐放，深受游客欢迎。

♨**决断**：如果不了解当地民族风俗。不懂基本礼节，就会遇到重重困难，甚至会遇到意外的灾难。打个比方，不了解当地的方言，连最基本的语言对话都困难，容易产生多方面的副作用。

宜忌☆活解

工作环境风水应该是人追求财利为目的的一部分，它从具体形式上又可分为办公场所的环境风水、营业场所环境风水和生产场所的环境风水。本书在剖析旺财商务风水时，没有完全的细分，也没有全面的讲解，只讲明了实际中的重点商务风水点，对一些无关紧要的多是一笔带过，可是对于重中之重的，几乎每一章节都要提到，只是为了加深印象，重点注意。所以在阅读本书时，一定要从专业的方面认识到风水的真谛，达到为我所用的目的。

宜：找准自己的人生位处

一定要针对自己的特长、爱好，从大的范围内找准适合自己发展的工作环境，即便你运用逆向思维的方法，也要有充分的理由。

活解经法：区域环境是指站在一省、一市的某一区域的范围内选择有利工作的环境风水。事实上，各个区域都有其工业、商业、农业、科技的特色之分，有的地方是钢铁基地，有的地方是纺织品基地，有的地方是电子产品基地，另外，从区域经济发展情况来看，它不是全方位、全面地发展，而是以某一个发达地区为中心，向外辐射性发展。这个经济中心就像一个巨大的磁场，将四面八方的资金、人才、技术都吸收到这个中心。

珠江三角洲、上海、北京、大连就是中国四大经济发展中心，周边地区都受其影响，从被其带动或叫连动发展的角度来看对周边地区是好事，但人才、资金的流失又是周边地区的损失。所以你就必须从宏观上找准自己工作事业发展的位置和方向。

忌：选择不宜发展的区域工作环境风水

如果选择了一个不宜发展的区域工作环境，对事业的长远发展怎能有利。

活解经法：你是学高科技专业的，如果专业不对口，一般是难找到能充分发挥自己潜能的环境和市场，如果专业对口了则会有大的发展；相反，如果你只有小学文化，只会浇园种菜，就没有必要跑到大城市里去碰钉子，还不如在农村或近郊找个定位，脚踏实地地做点事。

宜：寻求经营办公适合之地

经营场所指商店、酒店、旅社、商铺或公司经营地等。每种性质的经营场所都有与之相适应的环境风水的要求，这里无法展开来叙述，但有二个基本原则可供参考。一是能满足经营运转的基本条件，如能源供应、交通、安全防范；二是有利于合群、结成团队的环境。

活解经法：环境，天时、地利、人和，最根本的是人气。如果你能做到货真价实，童叟无欺，热情待客，广交朋友，那么人气就会越来越旺，财气也会越来越足。

忌：盲目跟风逆潮流而动

如果选择经营场所时逆潮流而动，非要到某个地点单独经营，即便你管理水平高、资金多，也未必能竞争得过"一条街"。

活解经法：现在人们有一种奇特的心理，一方面喜欢"扎堆"，哪里热闹到哪里去，另一方面喜欢专业市场，所以出现了饮食一条街、电子产品一条街、修理汽车一条街、旧货市场一条街等等。这样便于顾客"货比三家"。三是追求人气旺。

宜：生产场所符合防火、防盗、防事

生产场所包括田地、河川、山丘、家畜饲养场等，在工业方面指工厂、矿山、车间等生产基地。生产场所的区位环境选择，其共同的原则是建立在以防火、防盗、防事故为核心内容的吉祥风水

环境。

活解经法： 1. 防火。生产区和仓库一定要分离，危险品一定要妥善存放，按照风水的原则，一般说来，仓库不宜设在南边，也不宜设在生产场所的出口处。南边干燥，火气太旺，易发火灾，在出口处，来往人员复杂，易产生火源。2. 防盗。防盗有多种措施，从风水的角度来看，生产场所门窗不宜过大、过多，窗户不宜太低、太大。太低易漏财，也就是易于被作案者利用。3. 防事故。防事故，一是从生产场所的结构、设备器材的安装方面杜绝事故；二是注意从生产条件与生产人员不相适应的方面找隐患。

忌：办公环境生产条件太热、太冷等

生产条件太热、太冷、光线太强、太弱、噪音太大、风太大都不是风水上的好位置。

活解经法： 此种情形一来影响生产人员的情绪和注意力，二还会导致事故的发生，属于破财范畴。

宜：关注采光、通风、方位、摆放

采光、通风、方位、办公设备的摆放。办公室的环境风水对人的身心健康、工作情绪、潜力的发挥和工作效率有着非常重要的影响。

活解经法： 采光：办公室窗户要尽可能大，环境要明亮，自然光线不足，人工采光补充。

通风：通风能有效遏制潮湿、病毒、辐射，降低室内墙壁和电器设备的辐射危害。

方位：在办公室里，桌子怎么摆，朝什么方向，靠什么部位是办公室环境风水中重要的问题之一。要充分考虑每个人的身份、性格、爱好和职业特点

摆放：要讲究三个原则，一是要尽可能归中摆桌子；二是要尽可能坐北朝南或坐南朝北；三是不要直对大门。宜对门而坐，不宜后背对着大门。

忌：采光不足、通风不畅、方位不宜

选择良好的办公环境风水，忌选采光不足、通风不畅、方位不宜之地

活解经法： 采光不足。长期在灯光昏暗的环境中工作，心情会感到压抑，思路会受到影响，更不要说光线不好会导致视力下降，还会引发其他多种疾病。

通风不畅。风分为强风、直风、邪风、贼风、和风、微风，办公人员不宜面对强风、直风、邪风，而宜采用和风、微风进行室内通风换气。强风即大风，直风即从窗直射之风，邪风是指从厕所、隔墙、仓库等不清净地方吹来之风，贼风是指从背后、脑勺后袭来之风。

方位不宜。办公室桌椅没经过科学的摆放，很容易使事业受阻，身体不适。

诊断实例：

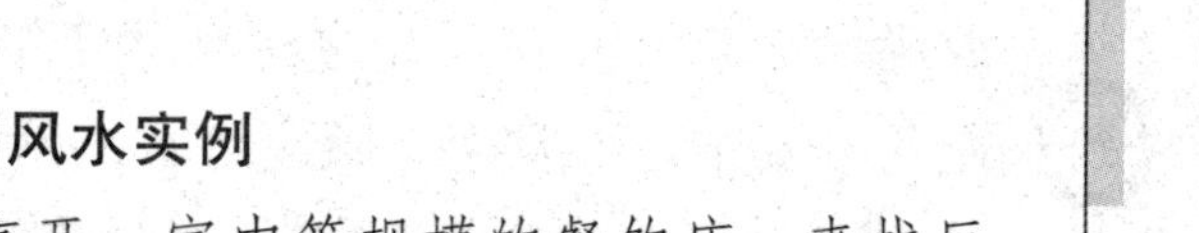

诊断餐饮业：北京一亩田风水实例

张女士一年前准备在北京开一家中等规模的餐饮店，来找巨老师策划并进行预测，当日占得“水雷屯”卦，巨老师告诉他，

“屯”卦是一个创业的卦。卦辞中说：“雷雨之动满行，天道草昧，宜建侯而不宁”。张女士问：什么叫在原地建国封侯？巨老师说，那是古语，用现在话说，就是应当在本乡本土创立基业，以避免不安宁之事发生。张女士有点震惊地说，这好像是针对她另一个打算而言，另一个打算是想到海南的朋友那里开海鲜楼，看来到外地干可能有不安宁之事发生。就此张女士放弃了去海南的打算，决定在北京开店，取名“一亩田”，并设计了吉祥标识、进行了环境风水布局。该店从一开也就人员爆满，来晚的需发号排队。一年多来，张女士的餐饮业务不断的扩大，除北京的总店，又在外地开了几处分店。

打造不同凡响的饮食文化、提供宾至如归的温馨服务，是傲立于不败之巅的法宝

易解风水：屯卦是阴阳二气开始交接，万物初生之象。万物初生虽是艰难，但十分顺畅贞吉。它象征雷雨之后，万物的种子盈满发芽，上天在冥昧之中化生万物，应当在原地建国封侯，以避免不安宁之事发生。原地是本，是先天，风水的根源

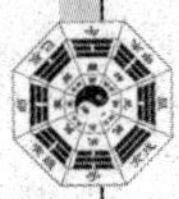

诊断某房产公司杨先生案

这是我的一个好朋友，从人生策划的这个角度看。他特别适合于在南方，当时他听从了我的建议，就到了南方去发展，而且时间不太长，就成为当地很有影响力的企业家，资产达到上亿。结果是在那儿搞得相当好，过了几年，听说北京有更好的机会，更好的生意做，就把南方的业务放下，到北京来发展，结果到北京一投资，时间不长，所有的资产都出去了，而且又赔了很多钱。人往往在发展的好时，就把事情忘了，最后来看我的时候。我给他一个建议，还是再回到南方发展。结果去了之后，生意慢慢的好转，没用几年，又恢复了原来的状况。

易解定风水：橘生淮南则为橘，生于淮北则为枳。你适合于在南方，你就在南方发展，你适合于在北方，就在北方发展。人生的规律不能违背。

二、选址，寻找旺山旺水旺财的宝地

【提要】商铺或公司要想商务运作，就必须要选择办公场所，即我们说的选址。不管是购买或租赁，投资者必须要亲自查看，最好先到你所选择的地方体验一下，这和我们我们购买家宅一样，你如果感觉风柔气聚，场和气润，心情愉悦欢快，那便说明你选址的第一步是正确的，这是一个好风水的开端。风水上叫做自身第六感应风水法，说白了就是一般人不知道的风水选址基本心理感应指数。

选址是一个大问题，天时地利人和的核心。但一个吉利的位置，并不是对每一个人，每一个事都是适应的，需因地而异，因人而异。真正在用的时候，应先结合主要负责人的八字或八卦分析预测一下，从而得取经营投资人适合的方向，即东、西、南、北、东南、西南、东北、西北八个方位中那个最吉例，然后再在这一方位选求自己的经营风水旺地，自己的财运旺地。

选址就是创业开店关键的一步。店面选择的好与坏，它往往直接决定着创业的成败

办公场所财运的好坏，除了受个人命理和社会不可避免的因素外，最直接的影响是来自政策和风水方面。政策就不再说了，但是风水方面，首先确定位置的先天因素，再结合决策者的五行属性，尽量选出符合决策者五行的方位。假如商铺或公司经营地的决策者属性为水，那么，商铺或公司经营地的办公地点则最好选在本区域的西北或北方，同时领导办公室的地点也宜在北边或西北边，这叫适得其位。

风水学最重视“藏风聚气”，选择商铺或办公场所时不能忽略这两项重要指标。“风”指的是空气的运动型态，“气”中国传统哲学的概念。一个地方只有藏风才能聚气。商铺或公司经营地或商铺选址对于“风”的要求也很重要，最理想的办公环境，是有柔和的轻风徐徐吹来，清风吹爽，缭绕有情，这才符合风水之道。倘若你所选择的经营运行基址，处在风很大的风口上，或者风急、

刚、厉，那便首先考虑放弃它。因为此地在风水上有再多旺的气也会被风吹掉的。风势过大固然不妙，但倘若风势过缓，空气不大流通，那也绝非办公之地！这是对于风的把握。一处房产只要符合上述要项的就是旺地。吉屋必须光线充足，切忌屋暗阴气过重。光线充足加上空气对流，自然屋子光亮有气，益于在其内的人身心健康。

问题★决断

商铺或公司经营地或商铺的兴旺，取决于天时、地利、人和，选址是商铺或公司经营地吉位吉形风水最基本因素。

◊ **问题1**　商铺或公司经营地外围不可面对着死巷

公司或住宅最忌路煞

决断： 死巷气流会受阻，不顺畅，会聚积浊气，对健康有不良影响，且在事业上象征没有出路，封闭性，影响心理，致事业没发展。

◊ **问题 2**　商铺或公司经营地外围不要对着附近的烟囱

♨**决断：**烟囱是排废气之物，每天进出商铺或公司经营地外围就看到废气，心理上就会不舒服，若是风向关系将废气吹过来，吸进体内，更是不好，当然影响到身体健康。

◊ **问题 3**　商铺或公司经营地外围不可对着寺庙、教堂等宗教建筑

♨**决断：**寺庙、教堂等宗教建筑，因属孤阴孤阳气，会影响自己商店的生意，而且商店的热闹气，也会影响到寺庙教堂之气，两不得利。

◊ **问题 4**　公司经营地外围和对面楼房的商铺或公司外围正对

旺财金蟾

♨**决断：**如果你此时的所选比对方小，是不佳格局，会有被吃掉的说法，此时只要在自己的商铺或公司经营地外围前架上一个帆布雨篷，伸向人行道即可改观。

◊ **问题 5**　商铺或公司经营地外围不可对着附近其它房屋的屋角

♨**决断：**古称“隔角煞”，看起来像一片直刀画过来，大凶，对健康不利，财运也不济。若以现代观念看来，站在商铺或公司经营地外围看出去，一半是墙壁，一半是大空，心理学上言，有被切成两半的不佳感觉，气场上言，两半的气流完全失衡，实在不是好格局。最好的改动方法是将商铺或公司经营地外围略为向龙边移动，避开隔角煞；若是现代化大楼商铺或公司经营地外围，无法如此移动，则不妨稍改一下商铺或公司经营地外围的角度，让它偏个十度八度，避开隔角煞。

问题6　商铺或公司经营地外围外面也不可正对着两栋大楼间的狭小巷弄空间

♨**决断：**这种形局古称“天斩煞”，好像一把刀从天上画下来，古称家运会不亨通。以现代眼光看，对门高楼间的空间，是一个容易产生大气流的风口，俗称“穿堂风”，会影响本身的气场稳定性，当然会影响到健康。

问题7　自己的底层商铺或公司正对着对面的高大楼房

♨**决断：**自己的房子楼层较低，对面是高大楼房，或是商铺或公司经营地外围对着高山，则会如泰山压顶，气会喘不过来，对健康、财运都不利，事业难发展。

问题8　商铺或公司经营地外围前不可有臭水沟流过

♨**决断：**门口地面也不可有积污水的坑洞，古说“推财神出门”。以现代观点言，商铺或公司经营地外围宛如一个人的颜面，有污水等，给人的感觉就是肮脏，当然形象不佳，生意难上门。

宜忌☆活解

选址是制定经营目标和经营战略的重要依据。风水学最讲究藏风聚气，其中对青龙、白虎、朱雀、玄武四兽的描述是：左方青龙为贵神应当高大，右方白虎为凶神应当矮小，前方朱雀为明堂宜宽敞，后方玄武为靠山忌空旷。企业的选址亦不例外。左方高大主名声，有利于企业品牌知名度的提高；右方矮小主人和，便于内部管理，企业就会具有很强的凝聚力和向心力；前方空旷主发展，企业发展前景广阔，财源滚滚；后方有靠山，主企业发展有强大的后盾支持。

宜：“揽腰”环抱聚福地

风水有“气界水则止”的说法，意思是天地的生气可以用水使它停留住。因此。在商铺或公司办公楼非常适宜前有环抱形的水，这样就可以使气凝聚在楼宇前，认为这是理想的聚气模式。

活解经法： 人口多起来，很多商业区难得靠近水，因此，风水实战中一般变通认为，山主静，水主动，路是流动的作用和水是一样。环抱形的路，就像一个人的双臂，而商业区的中心就成了生气凝结的穴。因此说商业区前有环形的道路，好比是“玉带揽腰”，颇为吉利。

忌：中心区受污造成“败运”相随

中心受污不宜，指房产的中心部位不宜用作厕所，也不宜位于房屋后半部的中心，刚好与大门成一直线，因为这很可能导致破财。

活解经法： 这样的地方能避开即避开，实在不可避免，是一定要进行风水改良的。

宜：商业办公地房产要有好地基

地基土质以砂壤土为宜。若是地基不好的房子有质量安全，何能再谈上发财。

活解经法： 因为砂壤土质密坚固，楼宇不致有沉陷的危险。地下水位低于楼基，就能免造成房屋阴冷潮湿和沉陷，也可防止地下水源污染。

忌：位处直冲、反弓之地

位处在被街巷直冲，为风水之大忌，故此前往选楼或门面房做经营地时，不妨先看看房屋的前后左右是否有街巷直冲的情况出现。“反弓”形街道直队经营之地，不宜选购，避之则吉。

活解经法： 风水学中是“喜回旋忌直冲”，因为直冲的来势急剧，倘若居所首当其冲，则为患甚大，不可不慎！街道“反弓”，是指房屋前面的街道弯曲，而弯曲位直冲大门，风水学称之为“镰刀割腰”。

忌：地下室用于办公

大楼地下室依建筑法规原本是停车场用，但现在很多在违规使用，开卡拉OK厅、餐厅、娱乐业、超级市场、酒吧等等。

活解经法： 一般而言，快速流通业可设在地下室，其他行业则不宜，尤其是当文书办公室用，事业难有发展。某些特殊行业的办公及居住，利用地下室无妨。

宜：避开高低不平之地

倘若你要选择的经营之地，位于斜坡之上，那么在选购时便要特别小心。

活解经法： 从风水角度来看，地势平坦的房屋较为平稳，而斜坡则颇多凶险！

宜：经营基址应符合风水原则

一、依山傍水原则：依山傍水是传统风水学最基本的原则。山体是大地的骨架，水域是万物之源泉，没有水，人就不能生存。

二、坐北朝南原则：我国地处北半球，房子朝南便于采光。

三、适中居中原则：适中居中就是恰到好处。

四、乘风顺气原则：把娱乐场选择在有生气的地方，这叫乘生气。

活解经法： 依山傍水多吉地，不过在现代都市里受到客观环境的制约，山水已成了稀缺的资源，但可以用人工造景来代替自然的山水。坐南朝北情形下，南房要比北房的温度高1～2℃，阳光中的紫外线不仅具有杀菌作用，而且可以提升能量。适中居中的外部经营环境，可以理解成：不偏不倚、不大不小、不高不低的至善至美。而乘风顺气，乘风，按照风水的说法，有人就有生气，人愈多生气愈匝，乘生气就会带来生意的兴隆。从经济的角度来说，繁华地段，人们聚集而来，很大程度上都是为了消费。选择招财进宝之地会日进万金，如果选择了不太适合的地方，经营可能会出现不利的局面。

忌：办公经营地周边之位存在煞气

现代建筑的新型煞气很多，就像天斩煞，古代没有现代才有。所谓“天斩煞”是指两幢高楼大厦之间的一条狭窄空隙；因为好像用刀从半空斩成两半，故此称为天斩煞。

活解经法： 倘若面对“天斩煞”，很可能会有血光之灾：空隙愈狭长便愈凶，距离愈近便愈险！故此不宜选择面对“天斩煞”的房屋办公，但若是在其背后有另一建筑物填补空隙则不妨。

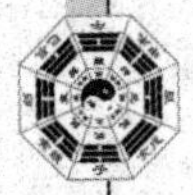

诊断实例：

北京赛百诚的刘老板开店租赁风水实例

赛百诚的刘老板打算在丰台开一家餐饮店，那里房屋不好租，只有一幢楼房能够租到手，而那幢楼房，被认为是个凶宅，谁在那里开业都会亏本。先是国内一家知名保险公司的一个分公司在那里开业，一直是门庭冷落，他们只得搬走，后又有人在那里开超市，超市生意清淡得出奇，超市又搬走了。房主把房租降低，也没有人愿意去租。刘老板从朋友嘴里知道巨老师在环境布局方面身怀绝技，就想请他去看一看有什么办法重新布局一下，以便廉价租下这幢楼房，巨老师一看，说那房子犯了风水上的大忌，但尚有解决之法。

刘先生决定租购这房子。经巨老师仔细布局后，再加上气场调整，巨老师告诉刘老板此处可保三年盈利，营业三年就应将这地转让。刘先生依照巨老师的吩咐，就把这房子买了下来，并按照巨老师的布局设计，开业以后，果然生意十分红火，在此期间，买了几部豪华车，又在北京、山西、河北开了几家分店。老板没有忘记巨老师的话，三年期满，他果断地将这房子转手，转让价格比原来高出很多。

三、道路，自然通达财源广进

【提要】道路和建筑是一样的，都必须遵循自然，依靠科学，才能使其畅达、美观、适用，行之便，居之安，否则，必将给人的生活带来麻烦，造成危害。从风水学角度讲，并非所有在路边的商务运营之地都好，即使是环抱形的路也要具体分析情况。交通顺畅固然是好事，但如果选择的道路不佳，也会对具体的财利运行效应造成一定的负面影响。

中国风水学，以观山形水势来判断宅地吉凶。不管阴阳两宅，都要讲究龙穴砂水向，更为本质的是讲究由龙穴砂水向所形成的一个大格局。看风水说白了，就是看格局，布格局，趋吉避凶，招财纳福，名利双收，造福社会。其中一个表现点就像我们常说的“山管人丁水管财”“化煞”等等。

风水学上很注重水，可在现代城市无明水的地方太多怎么办？风水祖师郭璞说“高一寸为山，低一寸为水。静者为山，动者为水。”拿到城市来说，我们把可看到的静止不动的高楼大厦视为山，车水马龙的道路视为水；在室内，睡房、灶头、为山，门口、内路、鱼缸等为水。经实践验证，这种虚拟的山水所造的风水格局和真实的山水在风水的作用上效果是一样的。在风水学上，“逆水”局为旺财，“顺水”局为破财。“逆水”又称为“迎水”“朝水”，而判断办公场所是收“逆水”还是“顺水”，要配合门及门外的街道或走廊来判断。经云：“或有龙而无虎，须水自右来。或有虎而无龙，必水从左转。水从左转虎必长而包龙，水自右来龙必长而包虎，逆关则吉，顺关则凶。”

在阳宅风水中，习惯上以门来做收水之用，故门开何方，便影响着写字楼、商铺的吉凶。办公场所的门置于迎水（又称作收水或接水）方，主商店财运亨通，生意兴隆。在观看来水时，如果观看河流溪渠，见到水的流动，便可知道哪一方为来水，哪一方是去水。门外的道路、走廊都可以作为水论，同样要先判断哪一方是来水，哪一方是去水。一般以长的一方为来水，短的一方为去水。布局时遵循以下两点：左来右接。若左方水来，商铺住宅宜开右方门，这是以白虎门收青龙水。右来左接。若右方水来，商铺住宅宜开左方门，这是以青龙门收白虎水。

但当商铺对着马路时，则衡量来去水以配合行车线为主。如

最接近商店门前的行车线，车辆是由左方往右方驶去，来水便是在左方，去水便是在右方，这店铺宜在右方开门，这便是开白虎门来收青龙水。如最接近商店门前的行车线，车辆是由右方往左方驶去，来水便是在左方，去水便是在左方，这店铺宜开左方门，这便是开青龙门来收白虎水。

此外，还有一些道路的来去水是不能用行车线的车辆行驶方向来判断的，这种来去水要根据地形判断。除此以外，现代在判断来去水时，还要看电梯在哪一方，因为很多楼宇都设有电梯，而每人都以电梯为通往各层楼的主要运输工具，这方位便属于来水。

问题★决断

风水上把道路当作水来看，人来车往带动气流，是谓“虚水”。易经活风水在大易“万物类象”精神包容下，把路，即现实生活中的陆路和水路，比作人体身上的血管，当路象身体上的血管那样，处于血液无粘稠、不堵塞，畅通无阻状态时，才能保证身体健康，充满活力。如果发生梗塞，病痛就来了，这反映在风水，实际上就是阴阳与五行制化之下真正的“痛则不通，通则不痛”境界。

问题 1 经营地外围出去正对一条大路，表退财。

决断：路冲，风水上称“直路空亡”，是指商铺或公司经营地外围正对直路，但这要辨证看待。对着大路，不好，可改善其环境，采用迂回曲折的风水改良，是可以变凶为吉的，若实属无法改良，二楼以上房子是不受其影响的。

问题 2 经营地外围面对岔路，处在“剪刀”路口

决断：商铺或公司经营地外围出门就看到两条岔路冲入门内，风水说这是“剪刀路”，交叉的气场会影响主人的决策和判

断，正常情况应面对横过的路，围抱状为理想之形局。

问题3 商铺或公司的前后或左右不宜有高架桥

决断：高架桥对商户所造成的影响更甚于一般公路。高架桥上的车辆不是加速上桥，就是快速下桥，所产生的尾气多，噪音大，会对办公者造成极大的干扰，对健康非常不利。另一方面，快速行驶的车辆不断冲击房屋磁场，使得这里的磁场难以平稳，从而不断地干扰商户。

问题4 处于Y形路口

决断：商铺或公司正处于Y字形的分岔路口，在风水上是一种很严重的“路煞”，这为两条路“夹山”，地基呈现三角形，那么车辆出出进进、噪音污染对办公或经营运营非常不利。这种地段左右或前后两条路的车辆来来往往，使得在此经营或办公的空间建筑被一把剪刀不停地夹击，风水民谚有“路剪房，见伤亡”，如此的办公经营地，绝非上等之选。

风水民谚有“路剪房，见伤亡”

◊**问题5** 商铺或公司不要处于T字路尾

♨**决断：**商铺或公司位于T字路或河流之端，为路所冲，位居车流或水流纵横交错的交汇点，来自车辆或者水流所产生的波的能量不断冲击、旋绕，长年累月形成一个磁场的漩涡，仿佛龙卷风似的，打乱这里生命场的平衡，处在过于烦扰状态，不符合经营场所建筑风水所要求的宜“四平八稳”的原则。

◊**问题6** 商铺或公司不宜面向直冲而来的路

♨**决断：**传统的风水学有一个原则是“喜回旋忌直冲”。一般人最耳熟的就是“路冲”，也就是商铺或公司的大门正对着大路，古称“一箭穿心煞”，好像一枝箭穿射过来，可见相当不吉。

◊**问题7** 外围见“十”字形路

♨**决断：**十字路，是指一条横路加一条直路两者相交，便成为“十字”。店铺贴近十字路，风水好与不好比较难下判断。因道路有来有往，吉凶要视配合。一般来说，在排出星盘之后，再观十字路在吉方或凶方，合不合本命，则较难准确分析。

◊**问题8** 外围见三叉路

♨**决断：**按招财运的风水来说，商务建筑外围一般都不喜见三叉路，因为三叉路有使商运不平稳的影响力，若三叉路一条路冲着商铺，会令家人的健康急剧衰退或有血光之灾。

◊**问题9** 商铺门或窗前有电灯柱，抑或大型灯箱牌

♨**决断：**商铺门或窗前有电灯柱，抑或大型灯箱牌，便主门外犯赶丁煞，代表留不住人才。所以在选择布局时应留意这一点。

◊**问题10** 商铺前的路成“水龙反走”局

♨**决断：**“水走”即指水向前方流走的意思。从自己的商铺门前看见有一条马路，近商铺的一方较高，然后一直向前方低下去，这便是“水龙反走局”。就算“T”字路，也可断其财运不佳。所以经商之前，逢“水龙反走”不宜选择开商铺。

宜忌☆活解

店铺风水的好坏与道路形状有着密切关系，凡道路四通八达之地，必为交通畅通无阻之地，此一地的工商业就兴旺。路好生财利，路通赢先机。

宜：道路平正，与建筑距离恰当

近有腰带路，财运会越来越好，
财库越积越丰厚。近有反弓路，则反之。

商务建筑前面的人行道宜宽阔平整，屋宅与道路间应保持一段适当的缓冲距离

活解经法： 这样可增加行人的安全系数，同时会积聚人气，于经商有利。

忌：道路窄而倾斜

商务建筑门前人行道狭窄倾斜，使楼宇紧临马路。

活解经法： 若该路段车速经常超过每小时70公里以上，不但安全堪虑，且行人匆匆经过，难聚人气。

宜“远离铁路或公路之地

处于铁路或公路之地，灰尘污染、噪音污染、火车和汽车的尾气等，势必会影响到环境场的稳定性，使人体场难以适应而引发体力不佳，精神不振，甚至进入生病状态。

活解经法： 太挨近铁路、公路边，给进出其中的人还容易发生交通事故，进出都得提心吊胆，担惊受怕。更何况铁路、公路还不时要扩建，改线，房屋时而面临拆迁的威胁。

忌：近邻路口或巷尾

处于路口、路尾、巷口、巷尾的楼宇主要有两个毛病：一是附近吹来的脏空气容易滞留在这里，造成大气污染；二是环境场很不稳定，使人体场难以适应，由于白白消耗内能而致体质羸弱，甚至患病。

活解经法： 在路口、路尾、巷口、巷尾，面临无可奈何的不可避免时，怎么办呢？有两个办法：一是加强办公室内通风，使从巷或路吹来的脏空气不至于滞留室内；二是在对着巷或路的门前或窗前设置一屏风或挡板起缓冲作用，以减少巷风场或路风场的直接冲击。近有腰带路，财运会越来越好，财库越积越丰厚。近有反弓路，财运会越来越坏，财库越用越少。

诊断实例：

柳女士寻人合作共开店

柳女士想和一位朋友合作，共同经营汽车专卖店。柳女士为人谨慎，又一向崇拜巨老师，便邀请巨老师到该男士的办公居所察看，一是看一看该男士运气如何；二是看看该男士的办公风水。巨老师仔细察看后，向这位男士说：你的运气近期很不好，办公室被前面的道路相冲，犯风水大忌，应该将风水环境立即加以改变，并且出门坐车、开车要格外小心。该男士却不以为然，表面上唯唯诺诺，但仍然我行我素。过一段时间，柳女士再来造访巨老师，问和这位男士合作到底怎么样？巨老师从女士口中了解到该

男士对提出的善意警告丝毫不放在心上。巨老师就向柳女士说，你也是我的老顾客了，我奉劝你千万不要和他合作，否则后悔莫及。柳女士听巨老师口气十分肯定，便决定不和该男士合作。告辞后驱车回家，车到三里河转弯处，见前面堵车，有许多人在围看什么，等了好一会仍不能通行，便和司机打了一声招呼，就下车前去看看，原来是两车相撞有人死亡。柳女士再前走几步，突然发现，被撞的车号正是那位男士的车号，而死者正是这位男士。柳女士倒抽一口凉气，感到血液快要凝固了，脚步踉跄回到自己车上，茫然回到家中。

四、实例旺财饭店风水布局

【提要】民以食为天，餐厅酒楼，是一门投资大，风险高，以客流量多寡决定生意高下的生意。当下，很多餐厅、酒楼的投资人，都对酒店的旺财风水布局非常关心。餐厅酒楼风水的旺财风水布局，实际上是一个综合工程，是由很多因素组成的。饭店风水选址，首先是建立在配合投资人命理格局基础上的选择，并以此的配合度来保障经营正常、高效、顺利的持续发展，从而保障商家以旺盛的精力来招迎顾客，创建利于买卖，能带来生意兴隆的好环境。

饭店作为以餐饮为主的商品交易场所，是一种需要具备固定经营位置的经营活动，因此，饭店的经营之下，必须要使顾客上门，要让人来光临，因此，门面的显露和引人注目，应该是最基本的。饭店门前有顾客，就有了生气。顾客愈多，生气愈旺，其结果就是生意愈好。

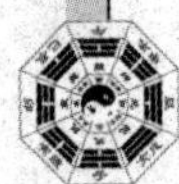

开饭店不可选在店面外围狭窄的地方，或者是店前有种种遮掩物，这样，就不利于商品的经营活动。店面的狭窄，或者是店面被种种物体遮挡住了，会影响饭店商品信息的传递，对于店面狭窄，或者受遮挡的饭店，改选的对策有四点，一是努力去拆除店前的遮挡物，使店面显露出来；二是对店面狭窄而无法改变，就把店牌加大高悬，使较远的地方张眼就能看到；三是增加新闻媒介的宣传力度，尽量做到使顾客知道饭店的地址、经营的商品，以及商品服务的特点；四是积极参加各种社会公益福利的赞助活动，以扩大饭店的知名度亲和力。

酒店饭馆的财源是来自于人们吃喝的消费者，
繁华地段人口密集，人多就是生气勃勃，
人气就是财气，这样才会生意兴隆。

饭店的兴衰取决于来客多寡，因此说，顾客是饭店的财源所在。顾客盈门，饭店就会兴旺发达，反之，饭店就要倒闭。所以，饭店门的朝向，应取决于顾客，应该是顾客在哪里，饭店的门就开向哪里，做到门迎顾客。这是饭店选址中不可忽视的内容。如若饭店的选址为座南朝北，或是座西朝东，而且顾客的聚集点也就在房屋所座朝的方向，那么饭店的门就只有朝北、朝东无疑了。如果是这样，饭店又犯了门不宜朝北，不宜朝东的忌讳，在夏季饭店就要受到烈日的直晒，在冬季饭店就要受到北风的侵袭。这种情形你能不选还是不选，但也非不可选择之地，如果各方面的条件都好，当你要选择此地时，一定要在开业之前的装修中运用阴阳五行相生相克的定律处理一下。

问题★决断

有人就有生气，人愈多生气就愈旺，乘生气就能带来生意的兴隆。因此，饭店经营需要选址人流穿往密集的繁华地段，来招揽更多的人来认知了解它，从而带动经营生气。

问题1 饭店开设在偏僻的街段

决断：偏僻街区的饭馆，实际上回避不少顾客。你开张经营，而知道的人很少，就缺少生气。生气少，就会生阴气，而饭店生意不景气或者萧条。一个饭店的阴气过盛，不仅是生意亏本，严重的还会损伤店主的元气，致使经营破产。

问题2 饭馆处在T字型和Y字型的路口处

决断：这种地势不利于经营发展，往往会有意想不到的凶事发生，如果选择在此开店，其风水上的“制煞”化解方法如下：

一开业之前，加设围屏或围障，在适当的地方安装风水化煞镜子或是狮子等，或者将饭店门的入口改由侧进，以挡住和避开迎大路而来的煞气。二是在店前栽种树木和花草，以增加生气和消除煞气。三多在门前洒水消尘，以使店前空气的清新，勤于店前卫生的清扫和店面门窗的擦洗，使之保持鲜亮。

问题3 饭馆处在强烈的阳光照晒之地

决断：饭店在进行日常经营活动时需要把门全部打开。如果店门是朝西开，那么夏季阳光就会让饭馆内遭受火辣辣的阳光暴晒，这在风水上也是一种煞气，而且这种煞气对饭店的经营活动是不利的。

问题4 饭店的店址后方没有“靠山”

在风水“坐后有靠”，是吉祥的象征，店址背后有山，属于坐实。

♨**决断：**山并非是真正意义上的山，一它可以是高大的楼宇，店址后方若有高大的楼宇，也属于“坐后有靠”的“坐实”格局。二店址后方有几座楼宇高度与本身店址相同，但因为几座楼宇群集在一起，力量便汇集起来，足够支撑本店址，亦属于“坐后有靠”之格局。三店后方有天然小山丘，高度虽低，而且店址还高出它很多，因为此山为天然形成，力量很大，所以可以作为靠山，也属于“坐后有靠”。

宜忌☆活解

作为经商活动的饭店多密集于繁华热闹的街市，拥有众多饭店繁华街市，是一个商品经营活动竞争十分激烈的区域，门前人流和车流来往不断，给人造成人气与财气俱旺的感觉，但是，从风水学的角度来说，细节地方仍有吉凶之分。

宜：饭店门前宜“明堂聚水”

店前有水池或喷水池比较好，风水学上称之为“明堂聚水”或“大聚明堂”。

活解经法：水有秀水、恶水之分。秀水为吉，恶水为凶。其中秀水分五相，恶水也分五相。

秀水五相：

1. 清静之水：主遵循正当手段赚取金钱，财运顺畅。
2. 气味清新的甘香水：为上吉，主聚财。
3. 流水声细有韵：主可以舒适地赚取金钱，生财有道。

4. 有情之水：流水呈圆形或半圆形地围绕于前方，主聚财。

5. 当运零神水催照睡：主财运立即好转。

山管人丁兴旺，水管财运亨通，顺风顺水，一路亨通之意。

恶水五相：

1. 水质污浊的污秽水，主破财或是以不法手段赚取金钱。

2. 气味腥臭的腥臭之水：主身体不健康，财帛不粟。

3. 流水怒吼，似虎狼之啸声之水：主破财，主经营人家宅不宁。

4. 状若无情的无情水，形如流水反弓、三角形等，主财帛不聚。

5. 失运水：主财运节节衰退。

忌：外观用色反差大不协调

对于颜色不协调当中的关注，应把握建筑物是否涂了为人们所忌讳的颜色。

活解经法： 酒楼外观颜色不协调，就会给店铺带上煞气。即使抛开风水不论，酒楼外观造型颜色的不协调，就好似一个人穿了一件不伦不类的外装，是应该加以避免的。打比方，一道菜引起人们食欲的是色香味俱全。

宜：饭店选址要符合“左青龙、右白虎”

设计饭店外观造型时，除了考虑建筑本身结构比例的谐调，还要注意与所处区域内的自然景致相谐调。饭店选址最理想的店址应是左方和右方都有大楼，但这些大楼应矮过店铺背后的大楼，小过背后的大楼，否则仍不是理想的风水。

活解经法：店之左方称青龙方，右方称白虎方，在风水学上，最喜是龙强过虎。龙强过虎，有以下四类：

龙昂虎伏——店址左方的楼宇较高，而右方之楼宇较低。

龙长虎短——店址左方的楼宇较为长阔，右方的楼宇较为短窄。

龙近虎远——店址左方的楼宇较为接近自己，而右方的楼宇距离较远。

龙盛虎衰——店址左方的楼宇特别多，而右方的楼宇却特别少。

忌：外部造型奇形怪状

饭店在追求外观造型的特色时，并不是意味着要将建筑外观搞成奇特的形状，奇形怪状的外观造型很可能会弄巧成拙，惹来路人的非议。

活解经法：饭店外观的独特造型，要符合人们的审美观念。这需要我们把握以下几点：一牌匾左右、两侧是否对称，二前后、高低是否相宜，三四周留出的空间是否均等。

宜：大门形式和设计合理

大门如咽喉，是出入的通道，决定生意的好坏

活解经法：形式和设计不仅要符合风水，还要符合当地的气候条件、民俗习惯、宗教信仰、磁向方位，以及经营环境要求。

忌：大门过小

大门过小，会使店内来客出入不便，影响酒楼正常的营业秩序。因而，为了使酒楼提高对顾客的接待量，门不宜做得太小。

活解经法： 酒楼的门做得过小，按风水的说法就是缩小了建筑的气口，不利于纳旺气，令气不能通畅地流入室内，减少了屋内的生气，增力口死气。改善的方法是把酒楼的门加宽，甚至可以把酒楼的门全部拆除。

五、实例商铺风水布局，生财有道

【提要】地点对于店铺来说重要，它决定了客流量的大小。但在具体地点选择的基础上，还应该注意店铺门面本身的一些条件，它也影响着店铺的生意。

商铺门前开阔，使处在较远的顾客和行人都可看到铺面，广开了店门之后，尽量在空间上减少店内商品与店外顾客间的阻碍，使陈设在店内的商品直接面向街市，让街道上的行人举目就可以看到，使陈列于店内商品成了一个实物广告，既宣传了商品，又做了生意。

店铺的形状很重要，在选择时，更要特别注意。有两种店铺，一种是不规则店铺，另一种是规则店铺。一般来说应该选用规则的店铺，这种铺好陈列，好装修，会降低装修的成本。

如果店铺形状能有不同于一般店铺的形状，则为时尚店的最佳选择。它能吸引追求时髦与潮流的顾客，可起到标新立异，有利于传播的功效。而规则店铺则收不到这种效果，只有靠对门面的装修信誉来吸引顾客的效果。

商店门的朝向是商家所十分慎重的事情，往往将之看成是经商成败的关键。在风水上，讲究经营业务与门朝向及门修饰的一

种对应。在街道风水规划中，对于不同的营业和职业的建筑项目，有不同的求吉方位，在建筑布置中，应予注意。

问题★决断

店铺本身的条件，在你的店铺风水考察中，相当重要。它包括在形状上的和谐入眼，店铺建筑外观的形的把握。首先要考虑到使用。如经营所需方与正的要求，如经营中针对不同业态情形下货位摆放要求，这是其经营条件中最基本的，对于带有制作业务的店铺，还要一些必须需的硬件环境要求。

问题1 沿街民宅改装成的商铺

利用原有沿街房改建而成的商铺，因为原先大多是作为住宅使用的，要看是否方便顾客的出入，和谐周围的空间。

决断：改装商铺情形下的门，多为在更改建筑用途情形下改造而来，因此，你需要考虑到它在你接手后的使用，因为门额上方没有遮阳遮雨设施，你要考虑它改造起来是否方便。

问题2 商铺外观造型上，有没有不利于自己经营的因素

商店外观造型要注重造就利于自己经营，通过运用商店外观造型的独特性，可以宣传自己，招引顾客。

决断：一个外观造型平庸的商店，或者是一个商店的外观造型与他邻近商店保持一个格调，这个商店要取得超出他人的营业效益是不可能的，最多也是与他人持平。

◊**问题3** 把握商铺的外观造型，在考虑自己经营元素的情形下，还要考虑到什么？

良好的建筑造型，就在于挖掘人们对造型结构的审美意识。这种审美意识，对中国人来说，就是讲究结构的左右对称，前后高低均等，弧圈流畅，方正圈圆等等。

♨**决断：**注意造型结构的谐调性，要考虑商店外观的独特造型是否符合人们对建筑结构的审美观念。一左右两侧的部分是否对称，前后的高低是否相宜，建筑物四周留出的空间是否均等，该成圆形的圆了没有，该成方形的方了没有，该成角形的，成了角没有等等。

◊**问题4** 门、门口如何占得经营利市的先机

门口空地越大，越易容纳更多的客户吗？大门越是阔大，就越是吉祥越是有利于经营吗？

♨**决断：**这要辨证看待，服饰店的客流速度较快，一般来说，至少应该有两个门。商铺门流行的一条通行原则，就是主门应设在左边，店铺的大门开在“左边”，生意多会兴隆，大吉大利。

◊**问题5** 店铺门或门口，太窄或太窄中形成逼迫

店铺门忌太小。如果大门太窄，叫人产生压迫感，难以吸纳财气生气。

♨**决断：**门大，感觉吉祥，对于商铺的经营风水来说，像是主人热情招呼客人。

◊**问题6** 商铺门面只有一个门。

只有一个门，则要考虑到它日后如何来进行改造的问题，这需要你考虑到它日后风水改造中的适宜性。

♨**决断：**设在左边，才会大吉大利。如果店址在拐角处，前后开了两扇门，面对两条街，这样的店铺是最佳选择。

◊**问题7** 在有楼层的商铺，二楼作为办公间使用，该如何考虑它的外观因素

有楼层的商铺，二楼作办公来使用，如何避免来自一楼日常经营中的噪声干扰。

♨**决断：**理想的做法是，将楼梯开置在侧面，梯口避开正门，由侧墙引阶而上。有可能的话，最好还是在大门与梯口之间放置一架屏风，作为噪音的间隔层。

宜忌☆活解

店铺本身的条件，还包括店铺建筑或空间，在心理上所暗示给你的吉祥方面的内容，朝向与门向就显得重要了。朝向，具体是座那个方向，朝那个方向，它符不符合你的经营要求，都是你要考虑，都会影响到你具体的风水改造。

宜：要与周围景致相融合，相协调

商铺要与周围景致相融合，是商家借用天时、地利风水的一部分。精明的生意人能借用天地之利，以达到财源茂盛的目的。

活解经法： 良好的建筑造型，就在于挖掘人们对造型结构的审美意识。有意识地将外观造型与优美的自然景致谐调地融为一体，相谐调，就意味着顺应了宇宙之气的流通，融入了大自然的生气之中。就拥有了丰富的大自然的生气，就能顾客盈门，生意兴旺。

忌：与自然景致的不谐调

商店建筑与自然景致的不谐调，是指商店的建筑很不相衬，或者是十分别扭地出现在优美的自然景致之中。商店的建筑与自然景致的不谐调，就破坏了原有的大自然之美，就等于在一幅优美的图画上出现了一个不应有的污点。

活解经法： 商店的建筑与区域自然之气不顺，不能融入整体的区域营造氛围，扰乱了自然之气，使宇宙间的生气流通受阻。受阻带来的就是煞气的产生，怎能够旺财。

宜：商铺外观用色要与大众观念相协调

商店外观色，要与人们对颜色的传统认识观念相谐调，商铺的经营者，就要主动地去满足人们对颜色的新需求，以颜色的清新、活力、美感来吸引顾客，来达到促销商品的目的。

活解经法： 要求商店外观造型的谐调，当然也包括着色的谐调，各种颜色搭配谐调等等。

忌：商铺外观用色要与大众认识观念不符

商铺外观为人们所忌讳的颜色，主要在着色，或者是选择搭配的颜色上，给人们所造成在色感的认识上，产生不相适应的感觉。商店外观造型颜色的不谐调，会影响商店的外在形象。

活解经法： 要注意每个民族和地方有无色彩的禁忌，千万不要乱用颜色，犯此大忌，同时要注意颜色和行业的对应关系。

天地万物都以五行分配，颜色配五行就为五色，即青、赤、白、黄、黑等五种颜色。

- 青色，相当于温和之春，为木叶萌芽之色。
- 赤色，相当于炎热之夏，为火燃烧之色。
- 黄色，相当于土，为土之色。
- 白色，等于清凉之秋，为金属光泽之色。
- 黑色等于寒冷之冬，为水，为深渊之色。

简化就是，木为青色，火为赤色，土为黄色，金为白色，水为

黑色。

- 青、赤、黄、白、黑等五色，在中国古代的象征意义。
- 青色代表永远平和。
- 赤色代表幸福和欢喜。
- 黄色代表力量、财富、高贵。
- 白色代表悲哀、平和、雅洁。
- 黑色代表破坏、沉稳。

宜：要知道商铺之前的使用历史

在店铺的选择上，要向熟悉情况的人打听店铺情况，看是否以前有在此店发生过什么不干净的事，或从事过什么对环境不利的事物。

活解经法：选择店铺时，要注意做好前期的市场调查与环境观察，作到知己知彼，才能不战不殆。

忌：商铺处在经常打折的商铺周边

如果你的小店经营的是比较有品位的产品，切记千万不可与经常打折的店铺为邻。

活解经法：人以群分。消费氛围也是如此，一旦在打折店铺的地段形成气候，再好的货品也难免受到牵连。

宜：店铺所在的阳光一定要充沛

阳光是风水中一个极为重要的考虑标准，阳光的充足与否有时决定财气、福气的大小。

活解经法：最早迎接阳光的商铺，生意必定财源滚滚、朝气蓬勃”。

忌：要避开不祥之物

风水所说的不吉祥的建筑，主要是指：烟囱、厕所、牛栏、马厩、殡仪馆、医院，风水视之为凶气。

活解经法：如果商店的门朝着不吉祥的建筑而开，那些臭气、晦气、凶气就会席卷而来，会冲击商家财气。

宜：得吉祥寓意

选择经商地址，考虑的因素还有很多。应考虑选择一个带有吉祥意义的街名，或者是选择一个能给自己带来好运的门牌号码，来作为店铺的地址。

活解经法：　这样的选择，除了能给经商者和顾客在心理上以某种安慰，还具有风水学上的意义。

六、实例轻松旺财娱乐性场所风水布局

【提要】娱乐场所一般是指以营利为目的，并向公众开放、消费者自娱自乐的场所，一些休闲生活馆、酒吧、茶楼、保龄球馆、夜总会等，是为广大消费者提供休闲、娱乐的地方，主要是为了缓解压力、消除疲劳、寻求欢乐，娱乐场所的选址，外部环境的风水考虑，直接影响着经营的好坏。

娱乐场选择坐北朝南，即取南向，就可避免朝东西方向和朝北方向所带来的季节性的麻烦和不利，如迫不得已，若必须要选朝东西方和西北方的话，你可采取适当的措拖，来制止夏、冬两季带来的煞气，比如安装空调设备，以创造一个能使人们进行正常经营活动的环境。

选择娱乐场地址和其他经营场所一样，最好能够选择一些吉祥的因素，比如选一个带吉祥意义的街名，或者选择一个认为能给自己带来好运的门牌号码等，这样的选择除了给经营者和顾客在心理上带来某种安慰之外，在环境及空间风水上，也有一定的积极意义。

很多娱乐场所开在二楼或更高的楼层，这首先要看楼梯是否通畅，还有会不会让人感觉到有狭窄、拥挤的，如果楼梯狭窄、拥

挤者，慎选！这牵扯到楼梯风水中吉凶方面的两大重要因素。也就是说，楼梯位不仅要看起来方便，关键还要寻求安全。

娱乐场的周边环境及内部的整体布局是娱乐风水的核心

楼梯是整个经营空间中气流运行的通道，它能让气能自一层往另一层移动，而当人们在楼梯上上下时，便会搅动楼梯部位的气能，促使其沿楼梯快速地运动。为了其中达到藏风聚气的目的，气流必须回旋而忌直冲，所以楼梯的坡度应以缓和较好，在形状上，以螺旋梯和半途有转弯平台的楼梯为首选。另外要注意的是最好用接气与送气较缓的木制的梯级。楼梯的理想位置是靠墙而立。当楼梯迎大门而立时，为了避免楼上的人气与财气在开门时会冲门而出，可在梯级于大门对面之处，放一面凸镜，以把气能反射回屋内。

问题★决断

娱乐场所的好风水感应，首先是能让人感觉到轻松，在心态上能有神清气爽的感觉。给人压抑、沉闷乃至坐立不安的感觉者，再者，初次感觉心生恐惧者，不选。

◊ **问题 1　形局上如何把握经营完美**

外部形局要完美，内部的平面格局和动线设计，要符合娱乐场所的经营要求。

♨**决断：**经营场所吉相与对应：

- 方正的形体，主一切运作平和、顺利。
- 前窄后宽的面积，主旺盛的格局，这种场所可享天时地利的富贵机运。
- 地面前低后高，主后山有靠，也主步步高升，若前高后低则有节节败退的格局。
- 不宜对着一些不规则建筑物的尖角。
- 不宜面对两栋大楼之间狭窄的空间。
- 不宜正对停车场的人口。
- 要注意避开高架桥。
- 附近不宜有烟囱、电线杆、电塔。立交桥同高处，这样好似拦腰一刀。
- 不宜选择与立交桥交叉正对处，这样好似迎面正对着剪刀口；不宜正对“长廊”，长廊越长越不好，此谓“一箭穿心格”，如果实在避不开，可以摆放屏风遮挡。
- 对于受遮挡或是狭窄的空间，一一是努力拆除遮挡物；二是对狭窄面无法改变的场所另外悬挂招牌，使远处的人抬眼就能看到。

◊ **问题 2　娱乐场所对于大门的把握**

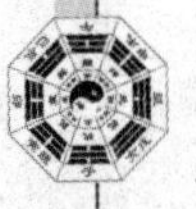

娱乐场的大门是顾客出人的通道，每日迎送顾客的多少决定了生意的好坏，利用门入口的光线，可以吸纳旺气，所以大门不宜开得太小。

♨**决断：**如果门开太小，按风水的说法就是缩小了气口，不利于纳气，使气的流人减少减慢，从而减少屋内的生气。

◊ **问题3** 对于门厅的风水把握

娱乐场所设立迎客的门面门厅，这就如同伸出双手拥抱来者，表示一种热诚，如果有逼压的感觉，必须改为宽敞明亮的门厅空间。

♨**决断：**娱乐场的门向应避免正对一些被风水学称为不吉祥的建筑。风水所说的不吉祥建筑是指一些类如烟囱、厕所、医院、垃圾站等容易使人感到心理不适的建筑，这些建筑或是黑烟滚滚，或是臭气熏天，或是哭嚎，或是病吟。

◊ **问题4** 娱乐场所门厅位如何化解坏风水

娱乐场所的门厅位正对大树以及上述烟囱、厕所、医院、垃圾站等，易引发心理不适的建筑，在无形中受到煞气的干扰，造成能量的流失。

♨**决断：**一、夏天可在在大门的后面最好再安放一扇屏风，以阻挡煞气。二、可在门厅位摆放屏风或植物来化解。

◊ **问题5** 上下楼梯是否和与整体空间配

很多情形下我们进入大楼后会面对电梯，电梯和楼梯是室内动线的一环，通常楼梯设在龙边最好，因为人有惰性，看到楼梯就不想爬上去，所以楼梯动线要有吸引力，在龙边可取其风水上的气场，消除心理排斥感。

♨**决断：**“前低后高”是风水上的吉祥准则，也就是说室内格局愈往内愈要向上，若是进门便顺着楼梯一路往下走的格局，象征业务会走下坡。

◊ **问题6** 门口正对楼梯或电梯

门口就对着楼梯，这是不佳的风水，会让我们的经营每况愈下，只好收摊。娱乐经营场所老板的房间不可正对电梯，有如“坠断崖”格局，大凶。也不可一出电梯就可以直上主管办公室，这样也非好的风水现象。

♨**决断**：娱乐经营场所，不可有上下的楼梯直通高层主管办公室，必须将客人留置在进门处，否则公司主管易受不同气场影响，会不利决策。

◊问题7 楼梯的方位与形状是否符合自己的经营需求

楼梯有承上启下的作用，楼梯作为公共设施，不少人对它的作用并不重视，但是随着复式、跃式、别墅等结构的流行，一栋商业楼里多个层面的空间分隔就要靠楼梯来衔接。这样，它的方位、形状将会对住宅内部布局产生强烈影响。

♨**决断**：楼梯既是办公室接气与送气的所在，也是很容易发生事故的地方，倘若弄错设置方位，就会给公司老板带来损害。

宜忌☆活解

娱乐场所的内外部风水考察，除了心理感应方面。接下来还要看总体的形局，及内、外的关注。一般情形下，外部四方宽敞、内部光线明亮、外部环境与地气及周边景观相布局协调者，当为上乘之选。

宜：内部藏风聚气

风水上讲究藏风聚气。藏风聚气，就是一个气流比较稳定的地方、一个能量容易积聚的地方。

活解经法： 风不要太大，在保障空气能够对流的情况下，藏风聚气的风，应该是和风习习，藏风聚气的“气”，就是建筑空间应保证“气”的流通。

忌：娱乐场所当不祥之地

娱乐场在不祥区域开业，如因其他缘故要设店于不吉不祥区域，会面临很大的调整。风水将不吉祥的建筑带来的这些气流，视之为凶气。譬如，“回字形”、“井字形”等，往往会给人一种走投无路、被困的感觉。

活解经法： 对于内空间中年的走廊，你要看它有没有把空间切成两半，如果是切成两半的格局，可放弃不选，这样不利于沟通协调，容易导致纠纷，使人感觉心烦意乱。

宜：左前方应高于右前方

理想的娱乐场左前方的建筑物应略高于右前方的建筑物，以符合“左青龙，右自虎”的原则。当然，如果右边是停车场或者绿化草地刚更佳。

活解经法： 青龙的能量：青龙的能量与东面和木的元素相关联，青龙的气位于建筑物的左面，一座小山、大的房屋，或左边勺一处大的空地都会产生青龙之气，这为自己提供了支持和保护。

白虎的能量：白虎之气在建筑物的士面。像青龙之气一样，白虎之气可以豇现在建筑物的形态和地貌上（虽然比事龙之气小一些），白虎之气代表西面和金的元素。

朱雀的能量：朱雀之气在建筑物的前面可以见到。它的向上移动的静量与南面和它所代表火的元奏相联系。

玄武的能量：玄武之气是在一栋建筑物、或一排树、一座小山或一堵比例良好的墙后面的能量。玄武象征北面和水的力量。

忌：看内部尤其是休息室有没有太大的窗户

娱乐场所休息室设置大窗户，虽然能让光线充足，通风透气，给人带来健康，但有太大的窗户，就会把旺气泄露出去，而失去旺气的人。

活解经法： 窗口太大，照射进来阳光就多，刺眼的阳光和热能，会使人产生一种不适的感觉。它会让人不冷静、易冲动和

易发脾气等。而这些情绪所带来的后果是可怕的。

七、室内办公风水的旺财选择

【提要】一个公司能否兴旺，取决于天时、地利、人和。这里着重说一下地利和地理的常识。首先确定公司决策者的五行属性，接着尽量选在符合决策者五行的方位。例如总经理属性水，办公地点则最好选在西北或北方。同时办公室的地点宜在办公大楼集合区，洽商方便。

现代公司办公选址的风水因素，吉祥文化下的公司办公风水，反映在具体的风水选址上，体现：办公地点不应选在十字路口，或门口直对大路、军政警机关，在办公地点的东南方不应有高耸的建筑物或柱状建筑物。办公地点不宜选在集市或人群嘈杂之处，办公室地点尽量避免在风月场所附近。

现代公司办公选址体现在外部格局上：办公楼建筑的外形不应设计成 U 形、L 形或回字形，会使经营者时常感到不顺心，事业

有伸展不开的感觉。最好的形状是方正形，店面的正面也要宽广，办公室也要宽平方正。

地下室只适合快速流通业：大楼地下室依建筑法规原本是停车场用，但现在大都违规使用，开卡拉 OK、餐厅、娱乐业、超级市场、酒廊等等，一般而言，快速流通业可设在地下室，其它行业则不宜，当文职类经营场所的办公室用，对事业难有发展。

问题★决断

公司大门风水的吉祥辨识要结合天地人；其风水是天时与地利结合人和之下的大风水；公司大门的路冲，公司大门面临的景观以及由不同景观所形成的路煞，所引起的风水禁忌和吉祥影响。

看公司大门风水有很简单的二种方法，一是先看远处四周，二是再看附近状况，若有风水上不可改变的缺点，宁可另择它处，坚决不用。

问题 1 如何选公司的办公大门

办公室大门本身的设置，最好和老板八字相配合，并非一成不变的。同样的一间办公室，有人使用后会发财，他人使用后却失败，道理不在办公室风水本身的好坏，而是此办公室是否与老板八字相合。

决断： 大门要配合当年“大利”的流年方位设置，然后再配合主人的八字，找出最佳的门位，例如安门当年是大利南北，则理想的方法当然是南北向，再看主人的八字是否缺火或缺水，因南方属火，门向南可引火气，可以补主人的不足，若是缺水，则北方属水，门向宜开在北面，可引水气。

问题 2 如何在不同的环境下使用玻璃门

现代大楼的大门，流行大面积的玻璃门，有的是透明玻璃，有的是暗色玻璃。

♨**决断：**流通行业办公室，则用透明玻璃较佳，如汽车展示场，可让人在人行道上就看尽内部的汽车，有广告效果。

一般行业的办公室，则不可用透明玻璃，最好是贴上玻璃专用反光纸，或换用暗色玻璃，或装上百叶窗。总之，不要让人在外侧看到室内情形。

问题3 大门正对路形成路冲

公司大门不可有路冲，风水上称“直路空亡”，是指大门出去正对一条大路，表退财。

♨**决断：**现代大楼对着大路，二楼以上房子也多少不会受往来车辆的影响，总之，大门正对路的情形下，正对直路的楼内空间易受到来自外面的气场冲“煞”，无形中会使大楼内的人身体衰弱，精神恍惚，以致影响事业。

问题4 大门正对大路、死巷亦为凶

大门不可面对着岔路，也就是说一出门就看到二条岔路冲人门内，这是风水上的“剪刀路”煞。大门不可面对着死巷，因为死巷气流会受阻，不顺畅。

♨**决断：**大门面对岔路，这种交叉的气场，会影响主人的决策和判断，正常情况应面对横过的路。而面对死巷，会聚积浊气，对健康有不良影响，且在事业上象征没有出路，封闭性，影响心理，致事业没发展。

问题5 公司的外部与内部形状要方正

风水讲究“方正”，还要能在室内找出中心区，这是一处好风水的基本元素，也是一处地方进行风水改造的基本参照点。

♨**决断：**最佳的“办公室格局”应是正方形，最好不要有有任何的缺角，缺角，不是理想屋宇。风水学讲究“中心点”，因此，在公司办公风水的室内考察中，也要找到中心点，找不到中心点的屋子是不利的，难有好运道。

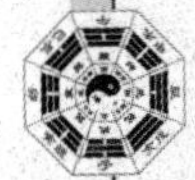

问题6 回字型公司室内格局

回字型格局的屋宇楼房，也求不出中心点，若中间是天井且是属于自己的空间则无妨，否则不佳。

♨**决断**：整个内部格局的中央部分，若是房间，绝不可设厕所或储藏室，这里是中心点，相当重要，必须是重要主管的房间，否则会发生经营困难而关门大吉。

问题7 如何变无中心点为有中心点

有些大楼，盖得四四方方，将中间的空间顶楼加上透明玻璃，地面层加以装潢当做营业用，将原本没有中心点的格局变成有中心点，成为很好的格局。

♨**决断**：将应预留出的空间放在正中间，其实这是不佳的风水设计，一方面依建筑法规这是不可加盖的部分，二方面成为没有中心点的建筑，不宜当办公用。

宜忌☆活解

公司大门风水的吉祥辨识要结合天地人；其风水是天时与地利结合人和之下的大门风水；公司大门的路冲，公司大门面临的景观以及由不同景观所形成的路煞，所引起的风水禁忌和吉祥影响。

宜：不可有镜子冲门

办公室的镜子不可正冲门，办公室的镜子应安在光线暗的地方。

活解经法：办公室冲门在风水上主口舌是非多。

忌：办公室的内外门在白虎方

办公室的内外门在白虎方，办公室的鱼箱忌安在白虎方，在青龙方为佳；办公室的水族箱不可安在办公桌的白虎方，主人办公桌不可靠近白虎方。

活解经法：这在风水上为奴欺主之相。

办公室的动线应舒畅，办公室的办公桌颜色尽量明朗浅色；办公室的内外门尽量安在青龙方。

宜：光线以自然光最佳

采光越接近自然，越容易调动人体基因，使其调整成最佳状态。办公室很难做到处处都有自然光，即使是四面都有大玻璃窗的办公室，也不见得人人都能分到靠窗的位置。即使坐在窗边，如果角度不好，阳光从背后照在电脑屏幕上，反而不利于工作。现在我们可以用一些人工的方法来弥补。

活解经法： 人工补光，以尽可能模拟自然光为好。由于日光灯亮度明亮、价格便宜、用电节省，办公室内多半使用日光灯照明，但日光灯有肉眼看不见的闪烁，会造成慢性视力损伤，所以最好多盏日光灯同时使用，以减少对眼睛的伤害。另外，日光灯色调偏冷，可以在桌面放置一盏小台灯，既可弥补日光灯的照明死角，又能增加视觉上的温暖效果。与色彩相关的行业宜采自然光对需要经常接触色彩的广告业、设计业、印染或绘画工作来讲，封闭的空间虽然可避免一部分干扰，但人工光源易造成我们对色彩判断的错误或偏差，所以务必要避免。

忌：公司的中庭摆大树，加设大的水池

公司的中庭位，很关键。有些公司为了美观，会在进门处设置中庭，并设置小水池、假山、流泉、养金鱼、锦鲤等，这是不错的做法。

活解经法： 只要不摆设大树、不将水池设得太大（阴气会太重，容易生凶害）、方位正确，就是好的风水格局，可招财，有些百货公司或大饭店，常在中庭设悬垂而下的压克力透明幕，注人水流形成人工瀑布，方位正确也是可以招财的，当然也必须要请风水师到现场堪舆。

宜：办公室墙壁需完整而干净

公司、办公室的墙面应平整、干净，颜色或图案不可使人产生不好的联想，室内墙壁不可有渗水、污渍、发霉等。

活解经法： 这种情形，会使室内空气变坏，当然影响健康，也使得进门客人看到店内这么脏，下次就不再进来，当然会减少生意影响财运。

忌：办公室无窗

办公室无窗事业难有发展。办公室是做重大决策之所在，光线和空气一定要充足。

活解经法： 如果办公室为一个完全封闭的空间，除了门之外，没有窗户的话，对财运及未来发展不佳。

第三章
布好格局，商务环境祥瑞纳福

一、大门为旺财纳福之口

【提要】“乘气而行、纳气而足”是风水调和天、地、人关系的诠释。《辩论三十篇》曰：“阳宅首重大门，以大门为气口也!”用它来阐述门在旺财办公上的风水关系，也是比较恰当的。

大门能纳入生旺之气，也能纳入衰败之气，这是风水对于门的两种截然不同的效应。商务经营中大门的风水效应，用二句话来解释，一是“门庭若市”，二是“门可罗雀”，前者表示生意兴隆，后者表示生意萧条，为啥都离不开门呢？答案只能说门在风水文化中的重要性。

一般而言，商务风水选址分室内办公的写字楼式和单独庭院式的。我们讲的大门偏重于后者。大门均开在一栋房子的正中间，这是正常的。但若以通俗风水来讲，“左青龙，右白虎”，所以大门最好开在左边，也就是人站在屋内对着大门方向的左方，也就是人在室外向着大楼的右边，此就是风水学上的龙边，表示生气勃勃，表示交易的热络与兴旺。

但最好是以房子整体为基准，来测出大门及墙门的最佳方位。“天门开地户闭”，大门宜大，开门纳财。现代商务环境中做大事

的大门都很大，就连小商店的大门也不宜太小，这样行人容易进来，所以也要大一点才好。

大门是宅之气口，吉气煞气
皆从此进出，一呼一吸自然之道。

大门要配合当年大利的流年方位或旺运开设，然后再配合主人的八字，找出最佳的门位，例如安门当年是大利南北，则理想的方法当然是南北向开门，再看主人的八字是否缺火或缺水，因南方属火，门向南可引火气，可以补主人的不足，若是缺水，则北方属水，门向宜开在北面，可引水气。

问题★决断

大门对事业的发展有相当的重要性，必须遵循风水原则，选择吉日吉时，找出最吉的座向，并配合周边环境做最佳的处理。

◇问题 1 商业环境中的不吉大门之改良

每一栋建筑物都不是完美的，都有不吉的区域，在中国传统风水中，有“鬼门线”和出卦、空亡、衰方之说，这些区域与其说是不吉，不如说大凶来得更加贴切。在这个区域内绝不可设置大门。

♨**决断：**如果大门正好位这些地方，改良的方法有三种：

一、如果条件允许，可将位于不好地方的大门封闭，另觅吉位开门。

二、若不能更改的话，最好废弃此宅不用，以免日后的麻烦（如生意不好、亏本等等）。

三、如果实在没有办法，可在门口放置一对石狮，或在进门处设置克制凶煞的特殊吉祥物。

问题2 大门的门面很重要

大门正面的外观，不可呈现凹凸太多的设计和装饰，可以有个性，不要过于复杂，这样只会显得低俗，而且在风水学上也不是好的表现。

♨**决断：**大门要采用厚实的材料，不可用三夹板钉成空心大门。门框若有歪曲，破损要立即更换，否则会影响财运。

问题3 办公室大门一定要与投资人的八字相配合

同样的一间办公室，有人使用后会发财，他人使用后却失败，道理不在办公室风水本身的好坏，而是此办公室是否与老板八字相合。

♨**决断：**办公室大门本身的设置，最好和老板八字相配合，并非一成不变的。最好找专业的人员来调校。

问题4 不管什么样的大门口，不可堆积杂物，尤其是门面房

把日常杂物堆放在大门位，是商家经营中最不明智的选择，从风水学的角度上来讲，门前是内堂局，阳宅要开堂纳气，会给事业带来诸多不利的影响，阻碍财运的发达。

♨**决断：**天地的生气是从门窗，这些有气口的地方进入室内

的，而门外堆放很多杂物，犹如设置了许多障碍，从而导致生气无法通畅地进入，而浊气也无法顺利排出，这样就会使室内的气场不佳。

问题5　大门之地不可正对垃圾场

大门之地，不可正对放垃圾场，一个整洁清爽的门面，能带给人一个好的心情，如果门前是垃圾，不仅容易导致空气污染，还会直接影响到人的心情。不符合风水之道，对人的生活、健康、安全、事业、人气等方面都会带来许多不良影响，因此一定要避免这样的事情发生。

决断：门口正对垃圾场，让顾客见了觉得心里不悦，很难积聚人气，人气不聚就难有财气。

问题6　大门位正对他人屋角

大门不可对着附近其它房屋的屋角，古称“角煞”，看起来像一个尖刀刺过来，大凶，对健康不利，财运也不济。若以现代观念看来，站在大门看出去，暗箭伤人的感觉，心理学上言，不安稳，气场上言，气流完全失衡不静，实在不是好格局。

屋角为风水上的大煞，必须躲避或化解

♨**决断：**商店若是遇到大门正对着对面屋角，最好的改动方法是将大门略为向边移动，避开隔角煞；或建一影壁墙阻挡，若是现代化大楼大门，无法如此移动，则不妨稍改一下大门的角度，让它偏个十度八度，避开隔角煞。

◊**问题7**　对方大门正对自己小门

如果自己的大门和对面楼房的大门正对着，但比对方小，是不佳格局，会有被吃掉的说法。

♨**决断：**在自己的大门前架上一个装饰门楼，加宽加大即可改观。

◊**问题8**　大厦门口门两侧的灯

大厦在大门口两旁设有两盏门灯，这对风水是有帮助的，但是必须请风水高人实地堪舆，找出最佳位置及高度设置才好。

♨**决断：**白天不必亮灯，要注意夜间灯泡不可熄灭损坏，若有不亮就要赶快检修，不可只留一盏发光，在风水学上不吉祥。

◊**问题9**　大门位正对高杆，如旗杆、电线杆

大门前面不可树立高长旗杆，也不可正对电线杆，或交通标志灯杆，无形中影响人的脑神经及心脏。大门有冲上电线杆、小巷、大树、对面墙角等种种自己无法改变的环境时。

♨**决断：**要配合对门景物及风水状况，适当安挂八卦镜、或凹凸面镜等等，将煞气挡掉一些。一般原则，若是要冲消对方之气，宜挂凸面镜，若是要吸纳对方之气，宜挂凹面镜。

大门宜忌☆活解

房屋以“大门为气口，纳旺气则吉，衰气则凶。”由此可见，门对住宅的重要。风水学上认为，商店的大门乃纳气之口，就好像是一个人的嘴和鼻子一样，是饮食呼吸之处，气的出入主要在此，其重要性也就可想而知了。

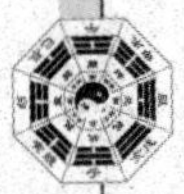

宜：门在正位、旺位。

好的大门能提高主人对外的运势，阳宅中的三要“门、主房、灶”及六事“门、路、灶、井、坑、厕”均把门当作第一要素。它是生气的枢纽、公司的面子，又是划分社会与公司内部空间的一道屏障，有一句话归纳得很精辟：“闭门即是深山。”

门前高杆，虽然美观潮流，终不合风水规律

活解经法： 门与内、外气的流动关系非常紧密，因为内、外气不能通过楼宇坚实的墙壁，但是通过门口则容易得多。外部大门影响外气进出办公室，而内部的门则对室内的内气影响甚巨。每个人每天出入办公室大门的瞬间，都会受到大门风水的影响。因此，一套商业楼的大门究竟如何开启，便大有讲究。

忌：大门嫁接门柱

大门门柱若是嫁接，便易发生倾斜或弯曲，将损及该家公司的形象。因此，应极为重视门柱的正直与否。从建筑学观点上来看，门柱笔直方能坚固。从前的门或现在的寺庙大门，门柱上大抵还有屋顶及两片极重的门板。因此，门柱必须坚固，禁得起屋顶的压力并支持得住门板的时开时闭。

活解经法： 住宅门口的左右门柱，绝对不可采取嫁接方式

建造。门柱不能够以相接的方式建造。门柱不直，必然有碍观瞻，有损公司的尊严，间接造成在其中办公的人员心里的不快。心里不快，精神自然随之恍惚，待人处事难免发生问题，患病的机会潜在产生。

宜：门的前方有明堂为吉

风水学上，以门的前方有明堂为吉，如果前方有绿茵、平地、水池、停车场等，以开中门为首选。如前方无明堂，则以开左方门较佳，因为左方为青龙位，青龙为吉。至于开“白虎门”或“玄武门”，则要根据具体情况具体对待了。至于有人说北门是鬼门，不能开，这种说法错误，只是我们北半球人的生活习惯罢了。

活解经法： 中国传统的南北东西四大方位，以四种灵性动物来象征，分别是：朱雀、玄武、青龙、白虎。其方位口诀为：“前朱雀、后玄武、左青龙、右白虎。”一般的房屋开门有四个主要选择，即：开南门（朱雀门）、开左门（青龙门）、开右门（白虎门）、开北门（玄武门）。杨筠松说二十四山，山山可立向。

忌：大门与建筑中的其他门形成两门对冲

门是气口，所有的门都应该错落有致地排列，这样布局，门与门才不形成对冲。

活解经法： 聚气的商业楼，走道部分都是蜿蜒曲折的。在这样的格局中所聚的气是温馨、和缓的，是养神、养气和增加旺运的佳气。如果商业楼有后门，要和前门错落开，以便让气出入时按“S”形运动，这样气就可以聚在室内，或在此停留。如果是直线运动，则气会由于直冲而漏掉。前后门对开，所引起的对流风虽然凉快，但也危险，不小心会吹得人嘴歪眼斜，损害人的健康。钱财不聚。

宜：大门风水改造要找准分坐和立好旺向

大门的坐向是按大门所处的方位而定。我们站在屋内，面向着大门，则所面向的方位便是“向”，而与“向”相对的方位便是

"坐"。

活解经法： 震宅坐东方，大门向西。巽宅坐东南方，大门向西北。离宅坐南方，大门向北。坤宅坐西南方，大门向东北。兑宅坐西方，大门向东。乾宅坐西北方，大门向东南。坎宅坐北方，大门向南。艮宅坐东北，大门向西南。

宜：门要避开厕所门

公司的大门是气口，是生气吸入的地方，生气应该婉转曲折地在阳宅内流动，而不应该进入厕所。如果厕所的门，对着公司的大门，那么从大门进来的生气，就会进入到排泄污秽、阴气极重的地方。

活解经法： 厕所的门释放着污秽之气，与公司大门进来的生气形成对冲，秽气与生气形成对抗的格局。

宜：进门处设置屏风

屏风在商业楼的重要性甚大，而在古代，更是使用极广，凡厅堂居室必设屏风。屏风有三大作用：改变门位、分隔空间、保护私隐。而根据制作材料的不同，又分成玻璃屏风、雕景屏风、书画屏风等。

活解经法： 屏风的作用同样重大，屏风的特点是占地面积小又容易灵活移动，在以下的情形里，作为化解外煞的工具，屏风可以发挥重要的作用。

忌：财务室、会计室的门正对大门

财务室、会计室的门不可与大门相对。会计室为公司财富所在，大门为纳气的入口。大门正对会计室门时，会使会计室对外一览无余财气尽露。如果已经形成这样的格局，可以把保险柜口改变方向来化解。

活解经法： 从现代科学角度考虑，财务室对外，不安全的因素太多，况且门与门相对，会形成强大对流，而强空气的来回流动，显然对人的身体不利，因此还是要多加注意。

宜：合理辨证地看大门正对楼梯的风水

如果大门正对楼梯，会形成两种不同的格局。一是正对的楼梯是向下的，则公司的财气极有可能向下流逝。在门后设置屏风来阻止内财外流；另一种情形是正对向上的楼梯，则不用虑财水外流。

活解经法： 若在门内放置大叶植物如发财树、金钱树等，独挡大门与楼梯的直接相对，这样也更可化煞招财，凶的变吉，吉的更吉。

忌：横梁压门或大门正对走廊

横梁压门，如一进门即受压制，则意味无法拓展业务，处处受到打压，能力施展不开，在市场竞争中难以出人头地。如果正对走廊或通道，其形如利剑穿心欲入，这样的格局叫穿心剑。如果办公室内部的进深小于走廊的长度，则为祸最大。

活解经法： 大门化解的主要办法是在一定的位置装上屏风，以收改门之效，才能避其锋芒。如果办公室在底层，大门正对大路，亦可种上环形树或花丛，以圆润来化解直冲而来的外力。

宜：大门外面围墙的高度适宜

中国古代的围墙，乃是按照身份、地位、格调来决定其形式的。

活解经法： 建造商业楼时更要考虑身份、地位、格调而建立，所以商业楼与围墙一定要求其和谐相称。围墙过高过低，都与公司身份不能配合，在堪舆学中，乃是属于会带来贫乏的不吉之兆。围墙过高的话，犹如困兽，坐井观天。过低的围墙，因噪音以及污染的情形很严重，从而影响工作。

宜：围墙与房屋保持一定距离

围墙与房屋保持一定距离，能保证足够的通风采光。

活解经法： 气场开阔，这也利于房屋内部的空气流通和干燥，当然是有益处的。

二、出入楼层风水，巧借先天之气

【提要】出入，在商铺场所风水中扮演着很重要的角色，你的日常进出位，决定你的经营效果，你在前后都有进出大门或通道的情况下，究竟该走那一处，一般情况下风水要求你的进出，一定要符合自己的风水内因，如命理、八字的因素。

还有就是选择楼层也是相当重要，楼层风水和出入一样，也要和自己行业对应下的风水要求符合。

现代楼房中的楼梯，经常只成为公共设施，这样很多人认为事不关己而对他的风水不够重视，但随着复式、跃式、别墅等结构房的流行，一栋商业楼里多个层面的空间分隔就要靠楼梯来衔接。这时候，楼梯就被纳入办公室的内部空间，它的方位、形状从此就对住宅的内部布局产生了强烈的影响。

楼层风水五行关系以先天河图为主

问题★决断

很多商厦或经营场所，从大门进去后四通八达，而在处于这样的情形下，不可避免会面临风水上具体那个位置“走”的问题，还有楼梯和电梯，其中也暗藏着许多的风水玄机问题。

◊问题1 有西门的、南门的和东北门的情形下；或一个在前而另一个在后；或者说是两个相反方向：一个门如果向东则另一个门向西，一个门如果向南的话则另一个却向北。会你所处在商厦二楼或更高，下面另计有底商的话。

♨决断： 如果您是在2004年以前进驻于此，西门你就不要再考虑了，可以走北门。

◊问题2 不管有几个门，在你应该走的那个门常闭的情形下，怎么办?

就要看看您的先天条件，日常走其中的那条动线了，这要结合你的很多因素，可根据你所处的方位卦、命卦在结合你当下的所得的卦相来断定。

◊问题3 南或北一排有很多门，你处于中间的位置，楼是蛇形的，里面弯弯曲曲有弧度，门也随弧就弯，说不清是朝着哪个方向。怎么走?

♨决断： 不管楼形怎样艺术化地弯曲，它都有一个基本朝向：或者朝南或者朝北，或者朝东或者朝西，或者朝西北或者朝东南，或者朝东北或者朝西南，然后翼楼自然伸展。按照男选右而女选左原则，要背靠大楼来分左右。

◊问题4 商厦一层，经营位临缓坡。

即出门便是一个缓坡，且路面高而自己位处低矮，不宜。

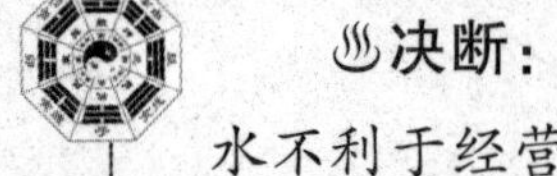

♨决断： 经营位不可被路面挡住，使自己窝在其中。这种风水不利于经营。

◊问题5 经营位近门而形成穿堂风

♨**决断**：经营位紧靠大厦楼门，且形成“穿堂风”风水效应，把自身位处弄个满堂风灌；形成“风谷效应”，实际上经营位应处在背风的地方。

宜忌☆活解

楼宇住宅楼层与家人命理五行的匹配相谐，已引起不少人在选房购房者的注意。由于存在着命相与层数五行的问题以及磁场对人体的影响，在同一栋楼层内，不同的楼层，居住者的贫富会有差异。因而，选择楼层愈昧愈站在相当重要的位置。

宜：楼梯应贴前墙而靠

楼梯的理想位置是靠墙而立。楼梯是快速移气的管道，能让气能自商业楼里的一层往另一层移动，当人们在楼梯上上上下下，便会搅动气能，促使其沿楼梯快速地移动。

活解经法：为了在商业楼中达到藏风聚气的目的，气流必须回旋而忌直冲，所以楼梯的坡度应以缓和较好，在形状上，以螺旋梯和半途有转弯平台的楼梯为首选，另外要注意的是最好用接气与送气较缓的木制的梯级。

忌：向下的楼梯忌迎大门

正对的楼梯是向下的，则极有可能是让财气向下流逝，当楼梯迎大门而立时，为了避免楼上的人气与财气，在开门时冲门而出。

活解经法：可在梯级于大门对面之处，放一面凸镜，以把气能反射回屋内，或者在门后设置屏风来阻止内财外流。或者在门内放置大叶植物如发财树、金钱树等更可引财入室。

宜：经营铺位或办公室应尽量避开建筑中心点

如果办公室门对着电梯口，被视为对着水口，因为来去水都在这里，故为财来财去之局，即不聚财。

活解经法： “财来财又去，风水是根基”，选择办公室，尽量远离电梯。

忌：入门无论那个方向见能看到楼梯

入门见梯，无论是在哪个方位都是不太好的。向南的楼梯口如果靠近大门，而大门若使用反射光的材料，夏天受到阳光照射，就会像镜子一般，人从楼梯下来就会直接接收到这种反射强烈的光，使眼睛看不清楚，下楼梯时就很危险。向北的楼梯口如果靠近大门的话，也是不吉之相。这样，冬天的风就会吹到二楼，影响二楼的暖气效果，使人容易感冒，对人的支气管、喉咙造成不好影响。这种呼吸器官的障碍，自然会影响人的体力，使其做事没有精神、没有好情绪，容易半途而废。此外，楼梯口处于这一方位，因为同样的原因，也可能会患上泌尿系统的疾病，而置身其中办公的员工则会不安于室，喜欢外出。

活解经法： 此情形可通过一些小技巧来化解它：

1. 把正对大门的楼梯转一个方向，使之进门之后看不见楼梯口。

2. 把楼梯隐藏起来，最好是能隐藏在墙壁的后面，用两面墙把楼梯夹住，楼梯口装上门，使之看不见楼梯，楼梯底下的空间可设计成储藏室或卫生间。

3. 用屏风在大门和楼梯之间造成一个屏蔽，使“气”能顺着屏风而入门。

附：风水选楼层的基本原则

风水学的核心是五行论：五行即金、木、水、火、土。五行相生相克，其相生的次序是：火生土、土生金、金生水、水生木、木生火；相克的次序是：火克金、金克木、木克土、土克水、水克火。每个人的命相必属五行之一：或属金、或属木、或属水、或属火、或属土。同样，楼宇的每层亦属五行之一。

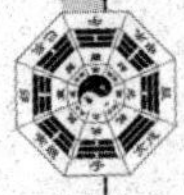

楼层的五行按先天河图选择。因为先有房子，后有选择，先天为体，后天为用，我们选房子的目的是用的暗合后天。所以楼宇一楼和六楼属于北方，属水，尾数是一或六的层面，亦是属水，如十一楼、二十一楼、三十一楼等等。

二楼和七楼属于南方，属火。尾数是二或七的层面，亦是属火，如十二楼、二十二楼、三十二楼等等。

三楼和八楼属于东方，属木。尾数是三或八的层面，亦是属木，如十三楼，二十三楼、三十三楼等等。

四楼和九楼属于西方，属金。尾数是四或九的层面，亦是属金，如十四楼、二十四楼、三十四楼等等。

五楼和十楼属于中央，属土。尾数是五或十的层面，亦是属土，如十五楼、二十五楼、三十五楼等等。

五行的每一元素不是独立存在的，而是互相依赖也是互相制约的。在选择楼层时应注意：楼宇的五行，对居住人之命中五行，有相生和相助作用的为吉。相反，有相克作用，则作不吉论。如果楼宇的层数五行生主命，助主命，吉论。克主命，作不吉论。而主命五行克层数五行，中等论。

三、生气财位，商业环境中的风水灵魂

【提要】商业经营场所中，制造风水财气适宜在“衰位”摆放植物。一般来说，适宜在室内风水中的“衰位”摆放有刺的植物，像“龙骨”、“玉麒麟”以及各式各样的仙人掌或是“玫瑰”及“棘杜鹃”均属此类。如若摆放这些仙人掌类的有刺植物在衰位或凶位，则在风水学方面有“化煞”的作用。

财位也叫旺位，因此，它的布置有很多讲究，最好在看似不

经意间作好布置，达到生财的目的。在旺位不宜悬挂镜子，因为镜子有反射的作用，容易阻碍运势，使财运不济、机会流失。旺位的天花板和墙壁不能脱落，在旺位处挂风景图可提升空间的气场，有利于财运；在旺位处摆马、麒麟和龙能提高室内的贵气，更能够增加空间正面的磁场，有助于财运。

财位是最旺最尊贵的位置，布局的核心，商业风水灵魂

问题★决断

财位或旺方可以放置吉利的风水宝石，如大型的紫水晶石可以有效地招财开运。天然水晶的能量超强，旋转于生财鱼缸之中，有助于加快生财的速度，同时还有制煞的功效。

问题1 经营场所如何看待财位

风水应用中常采用飞星法，用罗盘飞出每年的当旺财位，然后在风水上进行处理，但飞星法的最大麻烦是，每年甚至每月甚至每天的财位都不相同，会给很多人带来很多不便，显得无所适从。

决断：依照“八宅派”法则，可相对简单地定出财位，位置就在进门对角线所指的角落，一般说来，财位宜亮不宜暗，在财位上放置一棵常绿植物可起到催财的作用，但不能放置仙人球、

仙人掌一类带刺的化煞植物。

♢**问题2** 怎么找准自己的风水财位

经营场所中的风水财位，需要结合许多综合的因素，譬如老板的八字、命理，经营的行业类别，以及所在经营空间的座向与方位，但在无法获得前述情况下，可以利用一种最简单的办法，很快时间就能找到大利于自己的风水财位。

♨**决断：**财位的最佳位置是娱乐场进门的对角线方位，包合以下三种情形：

一、如果娱乐场门开在左边时，财位就在右边对角线顶端上。

二、如果娱乐场开在右边时，财位就在左边对角线顶端上。

三、如果娱乐场开在中央时，财位就在左右对角线顶端上。

♢**问题3** 如何利用吉祥八卦的因素，把握空间的八方

八卦象征着天、地、雷、风、水、火、山、泽八种自然现象。通过吉祥八卦，可以让我们能够通过最简单的捷径，在综合利用空间的财气的基础上，把日常经营中的空间财气解释出来，为你制造财气富地中的大利经营的滚滚财脉。

♨**决断：**周易八卦显示了八个其对应的元素、颜色。当我们确定了空间的财位，应该准备一些风水物品对财位进行合理布置以增强财位力量。门位东北方：财位在东南方，旺方在东方。门位正东方：财位在东北方，旺方在北方、西南方。门位正北方：财位在东方、西南方，旺方在东北方、南方。门位在西北方：在东方、南方，旺方在西南方。门位在西南方：财位在西方，方在西北方。门位正西方：财位在东南方、方，旺方在东方。

♢**问题4** 如何利用吉祥财神的招财威力

传统民间观念中，财神是掌管天下财富的神祗。倘若得到他的保佑，便肯定可以财源广进。

♨**决断：**因此经商的老板应该摆放财神，一是扳着脸的赵公明文财神；一是红面长须的关公武财神。值得注意的是威风凛凛

的武财神应面向屋外，或是面向大门，这样一方面既可招财入屋，同时又可镇守门户，不让外邪入侵。

问题 5　如何利用吉祥龙的招财威力

龙是中华民族所特有的文化图腾，在中华文化中占据着至高的地位。它聚结着中华几千年文化的精髓，具有吉祥、生旺、化煞等作用。

决断：龙遇水则生，即特别威猛，倘若摆放在干旱的地方，则会有“龙游浅水遭虾戏”之虞！所以若在家中摆放龙形的装饰品，则宜摆放在有水之处。把龙放在鱼缸的左右两旁，这样甚为适宜，可收生旺之效。

问题 6　如何利用吉祥狮子来守财气

狮子一是从西域传入中国，所以西北方是它最活跃的地方，占了地利；二是因为狮子属干卦，居西北方，五行属金。

决断：狮子，尤其是铜狮或是金狮。可放在西北方，最能发挥它的功效。同时西方也适合摆放狮子。

问题 7　如何利用金元宝来招财

元宝是财富的象征，生意人喜欢把金灿灿的元宝放在店内的现眼的财气位。

决断：可放在大门进来的斜角落，此处藏气聚气，也是财气。

问题 8　如何利用麒麟、龙神、凤神、龟神来制造财气

麒麟、龙神、凤神、龟神在古代被称为四灵兽。

决断：麒麟、龙神、凤神、龟神是中国传统的神兽，用途非常广泛，用来招财进宝尤其灵验。摆放时头向外即可，其势甚可，财运必佳。

问题 9　如何利用水体来制造财气

“山主人丁，水主财”，水有很强的催财作用，商业场所附近若有水塘或泳池，清澈水溪，可营造舒适的氛围。若水池在旺位，能

使运势随之而生。可是，现在不见得所有的场所外围都能有自然的水塘、泳池或者清澈的河流，所以最好的办法是在室内养风水鱼。

♨**决断：**水是风水的主要元素，与财富和健康密切相关，因为水本身能聚气，也能扰乱磁场。喷泉放在正确的位置时是非常有用的能量强化物，水泡能反映能量的产生并刺激能量的活跃与均衡，流动的水可以给平静的角落带来能量的刺激并补偿场所内丧失的能量从而促进财富的增力口。

问题10 如何利用鱼缸来制造财气

鱼缸的摆置也可以弥补风水土的缺陷，不断游动的鱼可以激活气场的死角，使空间充满语力，增加财运。但是要注意鱼的种类和摆放的位置，并留意鱼缸的形状和鱼的数目和鱼的颜色。带煞气的鱼，如鲨鱼、食人鱼、斗鱼等最好不养。鱼缸不宜太大，适中即可。

♨**决断：**可吉利的形状有长方形，圆形和六角形。太大的鱼缸存储太多的水，水太多会有决堤泛滥之险。从风水学的角度来说，月满则缺，水满则盈，水固然重要，但太多太深则不宜，任何空间不可能十全十美，总有些外煞的存在，用鱼缸化解煞是一个最巧妙的办法。风水学中有“拨水人零堂”的说法，所谓“零堂”是指失运的衰位，其意是指把水引人失运的方位，可以转祸为样、逢凶化吉。因此，水体宜在凶位，而不宜在吉方。

宜忌☆活解

在生意场所最好不要把神位设置在大门口的位置，若供奉的是财神爷，尤不可在门口，否则经常会送财出门。财位或旺方不可以空置，可以视空间大小摆放适合的生财鱼缸，只要是流动的活水，就可有效地招财进宝。

宜：经营空间财位保持明亮

财位宜亮不宜暗，因为财位明亮则生气勃勃，昏暗则暮气沉沉，所以财位倘若缺少阳光，那便应该多安装光管和电灯，借此来增加明度，这对财位大有益处。

活解经法： 安装在财位的灯一般来说，数目应以一盏、三盏、四盏或九盏为宜，而光管亦是以这些数目为佳。

忌：财位摆放尖锐不祥之物

在“旺位”放置尖锐物品如刀剑、头器、奖牌、动物标本，这些东西挂在墙上不好，摆设有棱角的装饰品，会对这一位置的财气产生散失的影响。

活解经法： 旺位摆置绿叶植物可以催财。其中铁树、橡树、喜树胶、黄金葛（又名万年青）这类常绿植物就甚为理想，其余如宽叶榕树、散尾葵、虎威蓝、富贵竹等，也有“生旺”之效。

宜：经营空间的旺位宜用植物催旺生气

在旺位上放盆景代表财运滚滚而来之意。最理想的盆景是万年青，鸿运当头类的。

活解经法： 所有的空间都应该有一个视觉重点，即传统的“财位”。在财位上摆放一盆郁郁葱葱，生机盎然的花草，一方面可愉悦视觉感官，更重要的是，盆栽会在这个空间形成一个充满“生气”的场，这个场可以促进财运态势。

但要注意植物与空间的协调性，植物的色彩和形状必须与整体环境的风格保持一致，让人感觉温馨和谐，在设计上，花卉应该呈现直上形，以营造出素雅朴实、生机勃勃的面貌。

忌：放针叶或有刺的植物

盆景除了美景养眼之外，在风水学中也有着生生不“息”的生旺意义。在财位多放几株盆景，则能增加生气，室内不宜摆放针叶状植物，尤其忌杜鹃和仙人掌。

活解经法： 作为风水之用的室内植物可分为两大类，一是用作生旺的常绿植物，一是用作化煞的仙人掌类植物。这两类植物必须分清楚，因为它们的功用各有不同，所以摆放的方位亦会

有差异，倘若混淆不清那便很可能弄巧成拙。

观音三不向

在实践中，经常看见一些饭店供奉观音像，其实在饭店内供奉观音像是很不适宜的，因为观音清净无暇，并且戒荤腥，故此观音像在放置的方位上有三不向的讲究：不向厕所，不向大门，不向餐桌。倘若能够遵守以上这三种避忌，则大致不成问题了。

注意，观音吃素守斋，除了燃香之外，只宜用鲜花及水果供奉；因此倘若与其他神祇放在一起，那么其他神祇亦不可用三牲拜祭了！

财位风水

（1）财位的摆设

财位设置在进门的前方对角线处，此处必须是很少走动之处，不能是通道，否则财运会守不住。如果右前方财位刚好是一个门，就要换找左前方的财位了。风水不佳的改善方法是运用走道隔间创造出一个财位。

当今一般采用挨星法算出每年的当旺财位，然后在风水上进行处理，但麻烦的是每年、月、天的财位都不相同，这就给用户带来很多不便，显得无所适从。依照“八宅”法则，可相对简单地定出财位，位置就在进门对角线所指的角落。一般说来，财位易亮不宜暗，在财位上放置一颗常绿植物可起到催财的作用。

（2）财位禁忌

财位上不可放置会发热的电器品，如电视、电扇、电炉、电源线等。

不可胡乱堆放物品，或不加整理，布满灰尘。

不可摆放人造花，干燥花等没有生气的物品。

财位上方的天花板不可有漏水，墙壁或地板油漆不可脱落或瓷砖斑驳。

（3）财位的摆设品

鱼缸，盆景都可以，若是八字缺水的业主应在财位上摆一个鱼缸，反之则摆长青树类的盆景。

财位上摆设常青盆景有助于财源滚滚，养植万年青，白铁树或秋海棠、发财树等盆景，而且要选叶片圆大的树种，不可选针叶树种。财位上要放盆景就一定要细心照顾，一有枯黄叶子要尽快剪除，如果在落地门窗前的一个阳台上摆放一排盆景，或是在窗台上做盆景花台可以接气，看起来满室生春，有助于健康和财运。

如果摆设鱼缸则选圆形为最佳，或者是口小底大的鱼缸也较佳。鱼种也应选择色彩鲜艳，易饲养的，最忌有病或死亡，会有损风水财运。一般在酒楼的财位上方不方便摆鱼缸的话，最好是设置收银台，象征进财能守。

店内墙壁不可有渗水、污渍、发霉情形，会使室内空气变坏，而且影响健康。

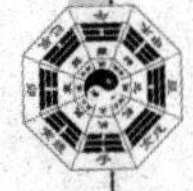

四、收银台风水，聚散滚滚财源

【提要】收银台是收入钱财的方位，收银台的摆放位置，是每一位经商人士最关心的风水基础，选的好对事业的发展有锦上添花的效果，因此，风水学很讲究财位和收银台的风水效应。风水学认为，聚气则聚财，散气则散财。所以，摆放收银台的方位必须聚气聚财。在商铺中，收银台的摆放有两个方位可供选择，第一个是白虎位，第二个是聚气位，又称财位。

收银台的位置及摆放，关系钱财聚散，重点注意之地

商业场所中的利财经营，直接由收银台得到体现，收银台宜静不宜动，更不宜受冲。收银台是钱财进出之地，风水上讲，收银台应设在虎边，也就是在不动方，人站在室内往大门方向看去的右边就是虎边。柜台设在虎边才能守住人库的钱财，而不能设在流动性大的龙边。

将收银台设在虎位，它符合风水的要求不说，我们抛开，这是为了符合人们靠右行走的习惯。所以，收银设在整个经营环境中的虎边位置，是大利财运的上好选择。

问题★决断

现在店铺、商店或大的商业场所，都收银台。从风水学的角度出发考虑，整间店铺或商店里，最重要的其实就是收银台的位置及摆放。为什么这样说呢？因为商业场所本身的风水不佳，通过收银台的摆放是能够补救的，也可以令整个间店铺绝处逢生。

◊ **问题1** 摆放收银台只凭感觉不做细致考察。

摆好一张收银台，往往需要实地考察之后定夺，在这个过程中如果凭感觉行事，忽略实际考察的细节，那就糟了。摆放收银台的具体细节，一定要从风水的最根本处人手，从整体考虑来定。

♨**决断：** 摆放收银台要考虑风水中最基本因素，即在你所经营的空间中，要结合整体，看内部的“靠”和财行的“势”，把风水中山峦、形势、水法的东西，在具体的空间中找到结合点，在找准利财生气位的前提下，还要从高、低协调上考虑，更要考虑一些冲煞现象。

◊ **问题2** 收银台不能过高。

商业经营场所，关于收银台都存在这样的普遍问题，收银台都很高。这种情况，大多是为安全考虑，另外，也处于保密。甚至还有因为别的心理，譬如收银台高财就不露。

♨**决断：** 收银高，别人看不见你的钱。但是你也不会看到别人的钱，你着收银台高了，会挡住旺气，挡住“财路”，如果财路，旺气都没有了，对于经营可能就是致命打击。

◊ **问题3** 收银台上摆植物或招财猫。

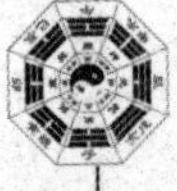

有人以为在收银台上摆招财猫，财一定来。但从风水上不可能这样。

♨**决断：** 招财猫作为摆设，则未尝不可。收银台摆上招财猫，或收银台上摆上一二盆植物，会阻挡旺气，财气的到来。最好不要放。

问题4 收银台与鱼缸或水池太近。

风水讲水为财，但你得用好它。收银台前面摆放一个金鱼缸，常常是不利于招财的。

决断：收银台与鱼缸之间的关系也一样，必须适量，要有距离，要讲位置，要讲时效，要有时间规定等。

问题5 收银台对着镜子。

很多人收银台对镜子，这会给你在无意中制造了风水麻烦。

决断：收银台对着镜子的时候，不论你店铺里的生意多好，盈利都不多，财运都一般般，一定赚不了大钱。

问题6 收银台后面忌讳空。

风水讲坐空风水不好，于是收银台便寻求靠“实”之地，很多人以此为常识。

决断：做生意，不一定需要靠山。其实收银台后面空，与理气上的收气有关系。因为财气一般从前面来，所以，前面宜空，后面宜实。

宜忌☆活解

布置收银台时要注意方位和朝向，这些环节，会给经营者带来财运、顺利。具体细节如下：收银台不宜布置在正对大门的位置；直冲大门，易生事端对生意不利。收银台不宜正对楼梯口，及洗手间，这样退财且影响生意。收银台的后墙不易放置太多酒水，以及摆放冰箱等物。这样见财化水，会影响财运。

宜：收银台可设置在白虎位

左青龙，右白虎。白虎方在商铺的右方，右方为不动方，能聚住气，所以，把收银台设在白虎位能守住财。

活解经法：商铺的左方为青龙方，青龙方流动性大，不易

聚财，所以不宜设立收银台。白虎位设立收银台的方式，只适合商铺向里深入，且形状为长方形的布局。

忌：收银台最好不放电炉、咖啡壶

柜台内不可有电炉、咖啡壶之类的电器品，易生灾难及口舌。

活解经法： 抛却风水不说，从安全讲，柜台处一定会有现金和账簿，万一发生火灾，首先被其冲，若有水撒上面，都会有影响当然不好。

宜：收银台的高度也要适中

一般来说，收银台高度可在110到120厘米。

活解经法： 柜台过高有拒人于外的感觉，挡财气，过低缺少威严，又没有安全感。

忌：近收银台位放置水轮

收银台旁，一般不放置有水的盆景、鱼缸，因为手杂之地，会不利于正常的收银操作的。

活解经法： 慎重摆放水轮雾化盆景，位置和时间摆放不当，有可能会漏财。本身都是旺处，再加上旺的，宜造成物极必反的感觉。

宜：收银台在财位

收银台宜在财位，任何建筑都有财位，直接把钱财进出地放置在财位上，是最直接的旺财之法。

活解经法： 可根据房屋坐向确定财位方位，利用上述的多种方法寻找，财位以有实际效果为最准确。

忌：收银台不可与煞位相冲

收银台关系钱财的聚散，宜在吉利方的位置上，风水非常重要的，与内外的各种“煞”相冲，都会破财。

活解经法： 收银台最好避开各种煞气，入市避不开的，可摆一些制煞化煞的吉祥物，达到风水调理的重要目的，如墙角或家俱角对着收银台，都是风水中的大忌。

第四章
和谐有道，室内办公风水中的选择

一、室内办公的室外选择

【提要】办公区要远离庙宇。庙宇一般都修建在环境良好之地，如在其周围办公对于公司的财运不利。一是由于庙宇处于风水宝地，尽占旺气，而余气所剩无几。如办公楼建在其周围，势必形成外强内弱、生气薄弱的格局。二是庙宇人来人往，人多噪声不断，使周围环境很不宁静。因此，不是理想的办公环境。很多有神灵观念的人单纯地认为，神坛、寺庙、道观、教堂这些地方最靠近神灵，是驱邪镇魔的地方，因此在附近办公应该会比较有安全感。事实上，这些神坛、寺庙、道观或教堂的附近，依照风水学上的原则来讲，是孤阳孤阴之地，是非常不适宜办公的地方

办公风水中，最为重要的是领导的办公室位置及方向，因为领导的综合状况，决定着企业的整体发展趋势。其次要考虑的是财务室、收银保险柜之位置，因为企业办公室之财务会计、收银、保险柜实为企业的“活财神”。现金及帐务实为企业的经济命脉，企业的盈亏与财神休戚相关。再次，要考虑重要部门负责人的办公桌位置，事业由人来做，处于重要位置的负责人，为了发挥其积极作用，部门负责人的位置亦不可忽视。

问题★决断

风水理论认为，办公环境的风水好，工作之人自然会心情顺畅，工作顺利，事业有成。而拥有一个良好的办公环境，不仅能给员工以心理上的满足，同时也能增加客户的信任感。重视个人办公环境，兼顾集体办公空间，能活跃人们的思维，提高办公效率，进而提升企业效率。

◊问题1 办公之地前面人行道狭窄倾斜

办公楼前面最忌人行道狭窄，或紧临马路。因为若该路段车辆高速通过，不但安全堪虑，且过往匆匆经过，难聚人气。人行横道若是太窄，人过不来，人气太弱，怎有才气。办公楼前的人行道由内往外倾斜，其倾斜度若超过7度以上，让步行经过人行路段者，感到平衡性不佳，办公楼自然难聚人气。还会感觉气场不稳。

♨决断： 办公楼前面的道路宜宽阔平整，办公楼与马路间应保持一段适当的缓冲距离，这样可增加进出公司的客户的安全系数，或者在办公楼前面放两个镇宅的狮子，锁住容易流失的财气。

◊问题2 楼层中间穿洞，办公之地恰在上方不宜有的楼体中间开上一个高高的门洞，有的楼房在一二层处留一便利的过道，这些都谓财气穿透。

♨**决断：**这种形式在建筑上未尝不可，但是我们要住和办公就不怎么好了。这种设计是损失一两户的利益，方便大家的设计方案，但是我们最好不要做这种风水的牺牲品。所以只是在门洞的上方一层楼层不宜选择，其他选择无妨。

问题3　办公之地位处在三角形楼内

人字形楼也算是三角形楼宇，在五行中，把三角形的楼宇归到“火”的范围里。有的人说红红火火，但我常认为是在水深火热之中。

♨**决断：**火形（即三角形）三边均是锐角，既不利己又不利人。最好不要选择。

问题4　办公之地“矮人一等”

如果办公楼的周围建筑都很高，自己的办公楼在建筑群中相形见小，矮人一等，如鸡立鹤群。

♨**决断：**除视野为周边建筑所遮蔽，使人有被围困之感，气场也被阻挡，气势无以伸展，发展将受到严重影响。

问题5　办公对面有高大的建筑

高大建筑的生气，比矮小建筑的生气强。住在矮小的楼宇里，在生气上处于弱势，故在大型办公区楼群中为好。若是大型办公区中的楼房，基本都是大小一样的，这样，生气的强弱均衡，不会造成生气强的对生气弱的压迫感。

♨**决断：**办公楼前的高大建筑已经将生气夺走，生气弱的地方，又有高大建筑的阴影笼罩，终年见不到阳光，阴气森森，不利于人的身心健康，也不利于钱财。

问题6　一楼独高之下

一楼独高不宜办公。一排或一片楼中，一楼独高，其他楼都低，不适合。远看这样的楼宇，大有鹤立鸡群之势。看上的一组楼

盘首尾相连，龙头部位一楼突起，也算成一楼独高。其实，这样楼宇的风水并不好，在风水学上这叫“孤峰独秀”。

♨**决断：**孤峰独秀，高楼凌空，这样的办公环境不利员工的心理健康。传统风水学认为：房子过高而突出，难以求财，如果在自己的办公楼附近，只有自己的办公楼高高耸立着，是不吉祥的，这样的公司的财运不会旺盛。研究证明，每个城市最高楼层的办公生意都不好，就连居于最上层办公的公司，生意都不是最好的。

问题7 风从隙入贼风入室

所谓贼风是指穿过缝隙的风。贼风吹进室内，对员工的健康不利。贼风最盛是在冬季，因为贼风在房子内外温差愈大时，愈容易进入房子里，暖气房中温度较高，贼风更易进入。贼风的量和缝隙的面积、个数以及房子内外的温差大小有很大的关联性。如果一个房子里有两个以上的缝隙，则贼风就更加畅行无阻了。贼风如果太多，房子的暖气就会被吹散，公司办公环境当避开“贼风”。

♨**决断：**出现缝隙的原因，大部分都是因为窗户或其他建材的结合处密封不良，尤其是木制建材，由于干燥收缩的关系，特别容易出现隙缝。另外，墙壁过于干燥时，也会与支柱分离而形成缝隙。这种情况最好赶快调整。

公司宜忌☆活解

公司办公环境好，气场好，能使决策者头脑敏锐判断正确，管理者状态良好精神集中为公司服务。办公室的地点环境选择对公司以后的发展至关重要，那怎样找一套能使公司发展顺利财运兴隆的办公室了。

宜：公司内部走廊宽长为吉

走廊，是办公楼内部的通道，属于办公楼的活动空间。在办公楼的整个空间中，凡是人的活动流线必须经达的地方，都是活动空间。有了走廊，方便得多。

活解经法： 设置走廊有如下四条原则：

1. 宽度。一般控制在1.8m左右，如宽度超过2.8m的走廊则视为凶相。补救的办法是缩小宽度。

2. 长度。一般控制在整个楼宇长度的三分之二以内。如果走廊一通到底，把一个楼宇分隔成两半，就象征着公司的分裂崩溃，是凶相。补救的办法是在走廊的尽头处改建橱柜，把走廊长度缩短到宅长的三分之二以内。

3. 方位和走向。东走廊、东南走廊、南走廊、西南走廊，采光和通风都比较理想，其他则较差。

4. 走廊尽头不要正对厕所，以防厕所中的空气直冲走廊而污染全楼。

忌：办公室内走道不可过多

走道不可过多，最好是以会客厅为中心，能四通八达前往各单独房间，而不要绕来绕去，或穿过一房再进入一房，穿梭而行。动线不流畅的格局属不吉。另外，屋中不可有四字形走廊。

活解经法： 办公室应避免这种格局，大门不可直对着后气流相对，气场会漏且会相冲，使人的情绪浮躁，公司员工之间易发生口角。在风水上有漏财之说。另外，走廊不可贯穿全宅，而将房屋分成两半，属大凶之局。房屋格局的化解之法，是在适当的地方放置大型落地屏风，让气流能回旋转折。

宜：高屋建瓴，防风防漏

公司办公地屋顶不可漏水、漏风，建造屋顶，要高屋建瓴，同时要注意建材的配置。

活解经法： 现代建筑材料较为进步，屋顶的斜度要依材料的性质来决定。使用含水的植物性材料，斜度要大，排水才容易；使用瓦块时，就要重叠得深一点，以防雨水逆流或被强风吹动。另外，铁板、铜板、铝板等金属性材料也适合做屋顶。

选择旺财办公风水，既要有宏观的打算，又要有细节的追求。战略上得具备长远的眼光、广阔的胸怀和过人的魄力因地制宜、灵活运用。

忌：三角形、一面坡、平坦屋顶

三角形且斜度大的屋顶，容易使屋里屋外的气体变得异常。一面坡的屋顶，容易使太强烈的阳光照射进房子。也就是说，这会使人体对外气的摄取产生偏颇，身体的韵律将趋向不正常。屋顶平坦，所以热传导较为迅速，会使屋内变得很热，或者很冷，这对人体健康方面的影响很大。

活解经法： 三角形屋顶可在半途切断屋顶，再建筑一个屋顶朝外倾斜。这样既美观又符合风水要求；一面坡屋顶不妨把长的那一边屋顶从地上提高3m，并在另一方建造屋顶。若从上面伸出的一面坡的屋顶太长的话，就需要支柱。平坦屋顶可通过具体的内部装修替换来完成，室内壁纸为塑料，可改为布或者天然木材；如果是洋房或别墅的话，可以把一些新型的化工建材或合成建材拆掉，换成木材的墙壁，地面再铺上质地好的木材，有望会改变室内的健康宜居指数的。

宜：明堂平整，视野开阔

好的办公楼应正对着平缓开阔的明堂，视野开阔。

活解经法：这是比较理想的公司办公地格局，视野开阔的明堂之地，主公司发展前景繁荣。

忌：天斩煞迎面劈来

所谓“天斩煞”是指两幢高楼大厦之间的一条狭窄空隙，它如用刀从半空斩成两半，因此称之为“天斩煞”。

活解经法：两幢高楼之间只距离一条窄巷，建在窄巷里的房屋，主人是难以躲避这种位置所形成的极强气流的冲击的。在气流上，夹道的风最硬，且风速也快，远远超过人体的血流速度，所以这种带有凶险的风使人的身体根本无法承受。

宜：窗帘色深质厚可挡强烈光煞

办公室有强烈反光入内，避免的办法之一是：用颜色深的厚窗帘挡住。深颜色本身也可以吸收一部分反射光，使射进室内的反射光减少一些。

活解经法：可采用贴磨砂玻璃纸的办法，减少反射光的射进。但更好的办法是用绿色盆栽置于窗台，使之在反射光与办公楼之间形成一道天然的屏障，既美化了室内环境，又可以化去“反光煞”。

忌：反光常刺目，精神易恍惚

现代都市中的反光，有一大部分都是人为造成的，属于光污染的范畴。特别是都市中的许多建筑物采用玻璃幕墙，像商业大厦的亮光玻璃，它所反射的光，反射到对面的楼宇，从而对邻近的建筑物形成光辐射。还有一些光污染是，楼宇底层用霓虹灯招牌，当霓虹灯广告招牌的灯光瓦数太大、太强时，就会形成“反光煞”。

活解经法：这种强烈的光线最易破坏室内原有的良好气场，使人产生烦躁冲动的情绪，造成心神不宁，严重的可引发病患，公司办公地一定要远离这种境地。

二、室内办公的旺财风水选择

【提要】传统的风水学对于办公环境有好的现实意义，最基本的方面，是要满足人最基本的健康生活指数。建筑空间对人的身心健康一般来说有三大杀手，一是潮湿，二是病毒，三是辐射。此三者都会使人生病，影响工作情绪和效率。然而通风是增加或减弱对人体危害的关键，通风情况好，能有效防止潮湿，减少病毒的发生和传播，降低室内墙壁和电器设备的辐射危害。

一开大门就看见后门，好像我们看一个人的脸，却一下子看穿他的后脑一样，这种前门穿后门的房子，一定是前气来后气走，一点都留不住气的。公司在这种楼房办公，不但不能赚钱，还会影响公司员工健康。所以说，公司内部的风水不是一般的重要。

公司内部风水，体现在日常出、入中所涉及到的一些细节感受。

办公室窗户要尽可能大，环境要明亮，若自然光线实在不足，就要用人工采光作为补充。

办公室，桌子怎么摆，朝什么方向，靠什么部位是办公室环境风水中重要的问题之一。很多人刚一搬到新办公室，迷茫的不知办公桌怎么摆。

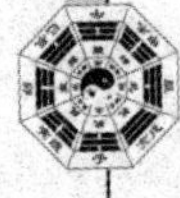

现在办公楼都是内走廊多，办公室大门朝走廊，如果面对窗户采光，就会背朝大门；相反，如果要面朝大门，又是背光，实在是很难两全其美。这里就要充分考虑每个人的身份、性格、爱好和职业特点，而没有统一的科学办法。但从风水学的角度来看，要讲究三个原则，一是要尽可能归中摆桌子；二是要尽可能有靠山摆放桌子；三是不要直对大门。

从职业特点来看，迎来送往较多的人，宜对门而坐，不宜后背对着大门，这样一眼就能看到找你的人；如果是专业写文件的人，不能让人常打扰，没什么客人，最好靠有阳光的窗户坐。

保持通畅干净的过道，是公司办公健康风水中的重要一环。因此在入口处创造足够的储物空间是必要的，以便于存放外套帽子、手套、雨伞等物品。

问题★决断

办公室风水需要把握以下六种基本因素：一是充分考虑采光的需要；二是顺应地球磁场的需要；三是顺应办公环境自然的需要；四是通风顺气的需要；五是适应工作特点的需要；六是适合个人性格特点的需要。比方，设计精美的过道，会令人一进门便感觉眼前一亮，精神为之一振，使整栋楼房顿时焕发光彩，因此在公司内部装饰设计时均应尽量设法美化过道。

问题1　选在不宜做工作的场所办公

长期在灯光昏暗的环境中工作，会导致视力下降，心情也会因之感到压抑，通风不良，增加或减弱对人体危害甚为关键。

决断：采光不足，思路会受到影响，更不要说光线不好，还会引发其他多种疾病。通风也有讲究，风分为强风、直风、邪风、贼风、和风、微风，办公人员不宜面对强风、直风、邪风，而宜采用和风、微风进行室内通风换气。强风即大风，直风即从窗直射之风，邪风是指从厕所、隔墙、仓库等不清净地方吹来之风，贼风是指从背后、脑勺后袭来之风，使人不能静心工作。

问题 2 如何根据工作特点来确定使用

所谓办公室，当然是为办公而用，首先要考虑到工作特点，工作性质的要求。

决断：领导人的办公桌就应该面向房门，因为来汇报、研究工作和来访客较多；搞研究或档案的文秘人员，十天半月都没什么人拜访，他大可不必脸朝大门，完全可以面向阳光摆桌椅，找一个适合身体健康，安心工作的地方。

问题 3 确定方位时不考虑居中的原则

确定方位时还要考虑居中的原则，不偏不倚，无论是办公桌和床位都应居中。古代常采用“人形法”的方法确定方位。“人形法”即以两手向前平伸，四面平等，头顶部位即是办公桌位置。

决断：当然如若桌子直对大门，也犯忌，所以古代大门内都设置一座屏风遮挡。而现代人则会将桌子偏移，错开对门的方位，也是有道理的。

问题 4 骑楼环境安置公司决策部门

骑楼上方的房间不可当作主管决策办公室，只能供一般职员办公用。

决断：因为地板下方的骑楼，是人来人往之过道，气流很乱且杂，气场也常受干扰，再没法躲避的情况下，做一般人员的办公场所，领导是万万不可以的，所以上层楼不可当作决策场所。

问题 5 公司高层主管办公室房间正对电梯

楼上的高层主管下楼时，也不可一出房间就碰到电梯，有如“坠断崖”格局，大凶。

决断：而且一出电梯就可以直上主管办公室，人来人往，发生危险也不知道。并且很多危险是专门针对公司领导的，这样的房间最好更改使用用途。

♢**问题6**　办公空间“开门见山”

办公室写字楼，因为建筑设计的原因，往往会形成一个狭长的走道，这种情形下，大门就会直对狭长的走道，且门一开就看见工作位置。

♨**决断：**这种情形，非常不利，利用屏风遮挡，一来可挡“煞”，二来可守住公司财气。

♢**问题7**　办公室内放些雄鹰展翅、猛虎归山凶猛动物图

办公室内放神鹰展翅、猛虎归山图，如果摆放这些东西，对老板或员工的健康有很大的损害。

♨**决断：**这些只适合放在大厅，办公之地还是不放此物为好。容易影响情绪，发生冲动。

♢**问题8**　办公室摆放细叶或针状的植物

办公室植物的摆放，一般采用大叶植物（阔叶类），而细叶或针状的植物最好少用，这些主要用在办公室外挡煞所用

♨**决断：**仙人掌虽然好养，但风水学认为这种植物放在办公室容易产生纠纷，它的最好作用是化煞，以煞制煞。

♢**问题9**　办公桌上左右放置不分

在办公桌上放东西，最好是左高右低。

P62♨**决断：**左边厚实，右边薄弱一点，这才利于财运，因为左边是代表青龙，右边代表是白虎方。青龙昂头，白虎低伏。

♢**问题10**　公司办公环境入口出按灯如何符合风水

住在大楼中如光线不足，最好在入口处全天候地点亮一盏灯。因为入口保持光亮，财气才能通顺，运气才会提升。

♨**决断：**入口处的灯宜以一盏、六盏或八盏（一盏灯里有三、四或九个灯头的亦可）为最佳，以收旺气之效。

♢**问题11**　凹凸不平的石块作入口处的装饰

很多公司，在装修入口处时，会以凸出的石块作为入口处的装饰，这时风水中的大忌，应尽量避免这种安排。

♨**决断：**凹凸不平，则公司的事业便会有诸多阻滞。主要是，自己给自己制造煞气。

问题12 公司入口处如何摆放狮子、貔貅

招财化煞貔貅

入口处位居要冲，对楼房的运气大有影响，因此摆放在此处的饰物要小心，以免无意中破坏了风水。古人多摆放狮子、貔貅这些威猛而具有灵性的猛兽在门口镇守，作为守护神。

♨**决断：**公司环境如果摆放狮子在屋外，往往会受到诸多限制，退而求其次，则可摆放在入口稍里处面向大门之外，同样也可收护宅之效。

问题13 阳台如何利用石狮大象招吉祥

石狮大象自有阳刚之气，可用以镇宅，吸财，摆放石狮化煞镇宅，必须狮口向外。若是阳台对面气势压过本宅的建筑物，例如大型银行、办公大楼等，则可在阳台的两旁摆放一对石狮来化解。

♨决断：若阳台面对阴气较重的建筑物如庙宇、道观、医院、殡仪馆、坟场等等，以及大片阴森丛林，或形状丑恶的山冈，亦须以一对石狮来镇宅，这事就不能放大象吸收不好的气场。

◊问题 14　阳台如何利用龟招吉祥

铜龟：龟是极阴极柔之物，擅长以柔克刚，又是逢凶化吉的象征。用来化煞，符合了风水学"凶煞宜化不宜斗"的原则。石龟：石龟与铜龟虽然同是风水的化煞物，但各有不同的用处。倘若阳台面对属火的形煞包括高大的烟囱，红色的高楼大厦以及油库等诸如此类属火的建筑物，便宜用石龟化解。

♨决断：摆放铜龟和石龟来化煞，摆放的位置和朝向是有讲究的。如果这些火煞位于火旺的南方，那便犹如火上加油，为了加强化煞的功效，可在两只石龟的中间放置一瓶清水。

◊问题 15　阳台如何利用石鹰招吉祥

如果周围高楼林立，而本宅如鸡立鹤群，从阳台外望似是被重重包围而不见出路，这是风水上的困局，置于其间的人便易屈居人下、仰人鼻息，很难脱颖而出。

♨决断：若想扭转形势，可在阳台的栏杆上摆放一只昂首向天，奋翅高飞的石鹰。鹰头必须向外，而双翼切勿下垂，这样才可收到预期功效，达到不鸣则已一鸣惊人的作用。

◊问题 16　阳台如何利用麒麟鹰招吉祥

麒麟：麒麟与龙、凤及龟合称为四灵，即四种最有灵气的动物。麒麟被视为仁兽，古人认为麒麟的出现，是吉利降临的先兆。麒麟外形独特，共有四种特征：鹿头、龙身、牛尾、马蹄。

♨决断：中国自古有"麒麟送子"的说法，因此求生贵子心切的人家，往往会在阳台上摆放一对麒麟，希望能早得麟儿。对于办公风水来说，放麒麟会增加公司的人才储备，员工素质，公司的凝聚力，团队的工作力。

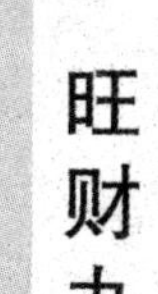

宜忌☆活解

公司办公环境入口处的植物摆放与地板、天花板和阳台风水，是公司的经营风水的第一步，它同公司其他部位的经营风水一样，关乎盈亏成败，办公室房间以方正为佳。也就是说，从正上方的位置来看，房屋的形状呈正方形或长方形，四边没有缺角，且有左右相互对称，是最为理想的形状。若是狭长形或不规则形，则被认为不吉。

宜：布置入口处的地板

入口处的地板宜平整。地板平整可令公司运行畅顺，而且也可避免失足摔跤。同时，入口处的地板宜尽量保持水平，不应有高低上下之分。

活解经法： 入口处的地板颜色宜深沉，深色象征厚重，地板色深象征根基深厚，符合风水之道。如要求明亮一些，则可用深色石料四围包边，而中间部分采用较浅色的石材。倘若选择在入口处铺地毯，其理亦同，宜选用四边颜色较深而中间颜色较浅的地毯。

忌：入口处地板的图案忌有尖角冲门；入口处地板的木纹不宜直冲大门：入口处的地板忌太光滑：地下排水管也不宜跨越大门。

活解经法： 地板的图案花样繁多，入口处地板避开尖角，应选择寓意吉祥的内容。入口处的木地板，不论何种木料，其排列均应让木纹斜向屋内，如流水斜流入屋，若直冲则不吉。有些人为了美观，往往会把入口处的地板打磨得十分光滑，这极易弄巧成拙，单从安全角度来说已不理想，因为出入其中的员工或来客均容易滑倒受伤。地下排水管万万不可跨越门位，这会导致财水内外流，还会使入口处风水受污，导致公司员工健康不佳，公司的财路不顺。

宜：入口处摆放植物

由于入口处是访客进到办公室后产生第一印象的地区，因此摆放的室内植物占有重要的作用。大型植物加照明、有型有款的树木及盛开的花盆栽组台等设计，都很适用。

活解经法： 如遇到入口处光线不佳、遭受穿堂风的吹袭、夜晚温度降低、走道狭窄，则普通的开花植物会比形态特殊的植物来得合适。入口处摆放植物，绿化室内环境，增加生气，令吉者更吉，凶者反凶为吉。

忌：入口处摆放有刺的植物

有刺的植物如仙人掌类及玫瑰、杜鹃等切勿放在入口处，以免破坏那里的风水，而且入口处的植物必须保持常青，若有枯黄，就要尽快更换。

活解经法： 摆放在公司大门入口处的植物，宜以赏叶的常绿植物为本，例如铁树、发财树、黄金葛及赏叶榕等等。让人一看就有一种欣欣向荣的感觉，进一步能感受出公司的文化氛围，让人有一种愉悦感。

宜：入口处安装镜子

通常商业楼在入口处安镜可作为进出时整理仪表之用，而且也可令入口处显得更加宽阔明亮。

忌：入口处镜子的禁忌

若是镜子无端对着大门，则绝对不妥当，因为镜片有反射作用，会把从大门流入的旺气及财气反射出去，将财神拒之门外。人会产生心神不定感觉。

活解经法： 入口处台阶上也不宜张贴镜片，顶上的天花若以镜片砌成，一进门举头就可见自己的倒影，便有头下脚上，乾坤颠倒之感，这是风水上的大忌，必须尽量避免。镜子只适合放在门口的侧面。

宜：正确安置过道天花板

天花板宜高，天花板色调宜轻，天花灯宜方圆，取天清天圆之意。

活解经法： 天花板高，则空气流通较为舒畅，对公司的气运也大有裨益。天花板的颜色较地板的颜色浅，上轻下重，是正常之象。顶上的灯饰排列，宜圆宜方。圆形象征团圆，而方形则象征方正平稳。

忌：过道天花板安置的禁忌

天花板不宜低，天花板色调不宜重，过道顶上天花板的颜色不宜太深，天花灯忌三角。

活解经法： 过道顶上的天花板若是太低，会有压迫感，这在风水上属于不吉之兆，象征这家公司备受压迫掣肘，难于出头。如果天花板的颜色比地板深，这便形成上重下轻，天翻地覆的格局，象征这家人长幼失序，上下不睦。过道顶上的灯饰排列不宜呈三角形。有人喜欢把数盏街灯或射灯安装在入口处的顶上来照明，这是不错的布置，但如把三盏灯布成三角形，那便会弄巧成拙，形成“三枝倒插香”的局面，对办公很不利。

宜：阳台“紫气东来”

一般而言，阳台的方位以朝向东方或南方为佳。阳台朝向东方，古人说得好，“紫气东来”。所谓“紫气”，就是祥瑞之气。祥瑞之气经过阳台进入室内，必定吉祥平安。而且日出东方，太阳一早就能照射进阳台，整个办公室显得既光亮又温暖，公司员工也因此精神爽朗。

至于阳台朝向南方，有道是“熏风南来”，“熏风”和暖宜人，令人陶醉，在风水学上也是极好的。

阳台若朝向北方，最大的缺点是冬季寒风入室，会影响人的情绪，如果保暖设备不足，就极容易使人生病。

阳台朝向西方则更为不妥，每日均受太阳西斜照晒，热气到夜晚仍未能消散，公司员工的健康会受到影响，情绪容易烦躁。

活解经法： 现在有很多写字楼的都有阳台，阳台饱吸室外的阳光、空气及雨露，是纳气之处。对整座楼房的风水来说，阳台具有相当重要的作用，所以必须遵循一定的“风水法则”。

忌：公司办公之地阳台闭关自固

P84 阳台封闭起来。表面上看，封闭阳台扩大了办公室的使用面积，有利于挡住尘埃和污染物进入室内，甚至还能起到防盗作用。其实，这种做法却是因小失大，不但有违风水之道——“关闭了纳气之门”。

活解经法： 阳台是仅次于大门的采气之口，阳台被封，就会造成室内通风不良，人体散发出的诸多有害物质，都会因阳台被封而困于室内。久居其中，易使人出现恶心、头晕、疲劳等症状。

宜：办公室，尤其是领导的办公室以方正为佳

办公室内形状最好是方正形，要宽平方正。方正的房子实用率高，摆放办公家具时也非常方便，并且容易满足通风、采光等要求，居住其间，自然会感觉舒畅，心平气和，公司员工和睦相处。

活解经法： 风水“天圆地方”的观念影响之下，无论是外墙或是内部厅房，多追求方形，方正的形状，可以使气的能量产生平衡的循环流动，不会产生太过或不及的祸患，从而为处于其中的人员的身心健康带来良好的影响。而奇形怪状和损位缺角的房屋，其内部之气便会停滞或流动无规律，能量场的分布就会很不均衡，就会对公司员工的身心健康及日常生活造成影响。

忌：办公楼成U形、L形或回字形

办公楼成U形、L形或回字形，会使经营者时常感到不顺心，事业有伸展不开的感觉。办公楼细长的话，易使公司员工中有人生病，乃是凶相。

活解经法： 办公楼有窄长形的房间，则在房间中央地方，

加些间隔或摆放家具，把房间“无形”地分成两个部分，便可解决问题。

宜：办公室内要有隔间

原则上室内要有隔间，公司就不可一进门就一览无余，起码主管空间要有屏风，当然最好还是要有适当隔间。室内隔间要以风水观点、动线原理、职层区分等因素，做精心设计才好。动线原理方面要考虑气流顺畅、明显简单。要宽要直，不可乱弯，不可在动线上堆置杂物。

活解经法：同一间办公室中，职位越高者在越后面。一个敞开明亮的空间，格局大，才能开创佳绩，如果是一个个小方块，人与人之间互动减少，容易造成本位主义、顾步自封。若是一定要用，隔间板要矮些，减少光线被遮，光线好才容易生财。

忌：办公室内空间乱摆放

有些公司，为了充分利用空间，堆满杂物，犯了“推财神出门”的布局，尤其是在小店里摆满物品，这在风水上是很不利的。

活解经法：室内若是客人进出不方便，就会嫌麻烦，过门不入或看而就走，当然减少了商机了。

宜：写字间宜有窗户

写字间要注意选择有窗的房屋，同时还要察看窗外的环境，要求凭窗远眺时，在窗的正前方不能看到有烟囱一类的不祥物。除此之外还要察看窗外是否有走道，如果有走道，最好是放弃另择

活解经法：因为走道上人来人往，脚步声，嬉笑声，都会影响到此间处理公务的人的工作情绪。而且，还常常受他人从窗户外的窥视。

忌：写字楼近工业区

写字楼近工业区有诸多不利，灰尘、废气、废水和噪音对住户的影响是极其明显的，尤其是当公司员工中有老人时。写字楼属于高档办公区，和工业区要有适当的距离。

宜：公司种植鲜花美化环境

鲜花能给办公室增添活力和能量，它们以特别活跃的形式给房间带来缤纷的色彩。如果得到精心的栽培和照料，鲜花具有强烈的风水效应，其色泽与外形会影响办公室的气能。枯萎凋谢的花朵会有负面的影响，必须每天勤于换水并裁剪花茎，使其功效持久。对于办公室的风水布局，最好不使用干花，因为其象征死亡与没落。

活解经法： 在庭院中选择适宜的养花容器。养花的容器，因其外形的质地的不同，会对住宅产生不同和效应：

（1）球形的花瓶属金宜用于商业楼的西或西北部。

（2）高身圆柱体花瓶属木宜用于商业楼的东或东南部。

（3）锥状花瓶属火宜用于商业楼的南部。

（4）陶碗属土宜用于商业楼的西南或东北。

忌：公司应避开有害花卉

公司办公环境，可用鲜花美化环境，并增添吉祥风水，但不是所有的艳丽花朵都适合在庭院种植，有许多就不宜亲近。

活解经法： 夜来香：夜来香晚间会散播大量强烈刺激嗅觉的微粒，对高血压和心脏病患者危害很大。松柏类花卉：松柏类花卉散发油香，令人感到恶心。夹竹桃：夹竹桃的花朵有毒性，花香容易让人昏睡、降低智力。郁金香：郁金香的花有毒碱，过多接触毛发容易脱落。

三、迎祥纳财的办公窗户风水

【提要】窗户的种类丰富多彩，包括大型观景窗和小型点缀窗，根据其功能可大体分为以下几类：双扇吊窗、侧开式窗、推拉窗、下开式窗、上开式窗以及固定窗。不同类型的窗户可以相互组合，或用来采光取景，或用来通风换气，让整个办公室融入自然的氛围。

窗户和门一样吸纳阳光和空气进入室内，是私人生活与外界沟通的通道。窗户对内外风景的容纳，使得生活中窗户的吉祥功能，一直反映着居住者矛盾统一的观念，“窗含西岭千秋雪，门泊东吴万里船”是对窗功能的最好诠释。轩窗径尺，会心于方寸之间，窗在后靠山，门在前迎江，负阴抱阳，极有气势，进可自成一统，出可远足融入社会，如此居所，确为佳构。这种意境之美其用意相同，都是为了能更好与自然对话。在现代商业活动中，一个构思新颖、主题鲜明、风格独特、手法脱俗。装饰美观、色调和谐的商店橱窗，与整个商店建筑结构和内外环境构成立体画面，能起美化商店和市容的作用。窗户由不同类型材质构成。除了实际的作用以外，作为住宅的“风水眼”，窗的形状、方位与五行还有内在的联系，运用得当，在风水上能达到意想不到的功效。

问题★决断

公司办公室若能适度混合使用几种窗形，可获得良好的效果。圆形或拱形的窗户给人以宁静安详的感觉，适合装设在休息室和会客室；方形、长形窗则给人以振奋肯定的感觉，适合用在餐厅

和图书室。

构思新颖、主题鲜明的窗户不但起到美观作用，还能起到开窗纳旺气的风水作用

问题1 如何利用窗的形状、方位与五行。

窗的形状、方位与五行相关，运用得当，有助于加强办公室的能量吸收和增加活力。

决断：窗户的五行形状如下：金形圆；木形长；水形曲；火形尖；土形方。

问题2 公司办公室什么情形下可用方形窗子

长方形窗五行属木，其最适合的方位是办公室的东、南与东南部。

决断：它能使办公室的外立面产生一种向上的速度感，亦会产生进步和蓬勃发展的气氛。

问题3 公司办公室什么情形下可用正方形或长方形窗子

正方形属土形窗，其最佳的位置是办公室的南、西南、西、西北或东北部。

决断：它能使办公室的外立面产生一种较安定稳重的感觉，亦会产生平稳踏实的气氛。

问题4 公司办公室什么情形下可用圆形或拱形窗子

圆形或拱形的窗户属金，在办公室的西南、西、西北、北与东北为最适用。

♨**决断：**它能使办公室的外立面产生一种凝聚的吸引力，亦会产生团结的气氛。

◊问题5 公司办公室只能向上推开一半

如果办公室的窗户只能向上推开一半，无法全开，会使处于其中的人有志难伸，工作不顺。

♨**决断：**若有这种情况，可将窗台漆上明亮的颜色，并且悬挂百叶窗遮阳，最好不要悬挂布质窗帘，窗边可摆盆景、水晶来活化内部的能量。

◊问题6 公司办公室为刺眼的三角型

尖或三角形的窗户属火，比较罕见，由于过于尖锐，太具杀伤力而不利在其中工作。

♨**决断：**而水形窗也不大应用于办公场所，不可过于追求新奇而将办公室的窗户做成火形或水形，否则对财运不利！

宜忌☆活解

公司办公室若是除了门以外，没有窗户的封闭空间，就不是好风水，不可进驻上班，会对财运发展有大妨碍。空气不佳的房间，对身体也不利。

宜：窗户大小适中、颜色与方位对应

窗户的窗框和墙壁漆成不同颜色，则可将外部景致明显地纳入窗中，形成一幅天然的风景画，为员工带来活力和创造力。但选色要注意，若能选择与方位配合的颜色，则对商业运程便会有益。

活解经法现在把八个不同方向的窗台配合色，列成简表如下：

向正东的窗户宜用深浅适宜的青、绿色；

向东南的窗户宜用深浅适宜的青、绿色；

向正南的窗户宜用红色、橙色、紫色；

向西南的窗户宜用黄色、褐色；

向正西的窗户宜用银色、白色；

向西北的窗户宜用银色、白色；

向正北的窗户宜用蓝色、黑色；

向东北的窗户宜用黄色、褐色。

宜：窗户与墙体成适当比例

窗户是办公室的“气口”所在，吐故纳新都在此。因此，窗户大小适中，才符合风水学中的平衡之道。办公室的内外之气很容易通过窗户进出，但是如果窗户太大，则会促使内气难以平静，办公室人际关系便易紧张，难以松弛，而且下属会不听上级的命令。而如果窗户太小，内气抑郁其中，无法吐故纳新，便易导致居者的内心产生疾病。况且窗户面积太小，采光效果也不好。

活解经法：如果窗户太小，可设法将其扩大。如果窗户太大，则补救之法就是把大窗户分成小格。或者增加一个窗帘。

忌：办公室设置大窗

有人认为：设置面积很大的窗户，能让光线充足，通风透气。办室里如果有太大的窗户，就会把旺气泄露出去，另一方面，因为窗口太大，照射进来阳光就多，刺眼的阳光和热能，会使人产生一种不适的感觉。

活解经法：失去旺气的人，就会萎靡不振，昏昏欲睡，打不起精神来，以这样的精神面貌从事学习和工作，自然会影响到学习成绩和工作效率以及事业的发展。窗口太大，强光照晒。会让人不冷静、易冲动和易发脾气等。而这些情绪所带来的后果是可怕的；遇到不顺心的时候，脾气不好，可能会吵架。

宜：根据情况选择窗帘

为了遮挡阳光及灰尘，或者是为了美化窗户环境，窗帘是不

可缺的。对于一些特殊行业，如模特表演、摄影、演出等来说，从了工作的需要角度，窗帘更是必不可少。

窗帘以材料来划分，有布帘、纱帘、竹帘、胶帘、铝片帘、珠帘以及木帘等等。此外，又可分为向左右拉开的帘，向上下拉卷的帘，以及固定不动的木百叶帘等等。若以颜色来划分，则更是色彩缤纷，令人眼花缭乱。原则上是阳光充足的窗户，宜用质地较厚而颜色较深的帘；而阳光不足的窗户，宜用质地较薄而颜色较浅的帘。窗户倘若正对医院或尖锐的屋角、不洁之物等，而且相距甚近，那便应在窗户上安装木制百叶帘，防止煞气进入，并且尽量少打开为宜。

活解经法： 窗帘类型的正确应用，有助于办公室内空气的流通。当白天清风送爽时，拉开窗帘让有益的外气进入，使办公室充满温暖；而在烈日高照和狂风肆虐时，放下窗帘，给公司员工提供一个清静舒适的场所。在较大的办公室，最好使用布窗帘；落地的长帘可营造一种恬静而温暖的气氛。但是在小办公室，小窗户往往会减低房间光照的程度，因此选择容易让大量的光线透过的百叶帘较好。

忌：办公室开窗见凶相

办公室大门或窗外正对着凶地、有煞之地，如医院、殡仪馆、坟场、监狱、庙宇、屠宰场、垃圾场等，为了公司的发展及平安，最好考虑迁址。窗户旁边有大树或窗户附近有网状很高的篱笆，也是凶相，很容易给小偷侵入创造机会。

活解经法： 窗户是接纳。

四、大利职场的办公桌位风水

【提要】吉祥方位与气场，对人的胆略、智慧都有一定的帮助，吉祥办公环境中家具的风水摆放，实际上是通过家具来制造和谐气场的过程。它包含了风水中大量的视、知觉因素，对商家的生意兴衰与事业成败具有深远影响。

问题★决断

好靠好向，是办公空间与桌位风水的核心问题。其中的风水考虑，多是办公室空间与桌位，在摆放方位上出现了不适，甚至摆放当中出现了风水忌讳，给整个商务空间造成不和谐。

好靠好向，是办公空间与桌位风水的核心问题

问题1 办公座位背门或侧对门

写字台与门正对面摆设，人背门而坐，或将写字台摆在进门的右侧。

决断：这是写字台在办公或商务空间中摆放，第一要避免的情形，无论是人背门而坐，或是侧座背门，都是不和自然的风水忌相，主要是这种摆放会使工作会受到干扰，工作效率低下，还会影响身体健康。背门而坐，总感觉后面有人进出，心神不安定，注意力不集中。后面门冲来，形法上犯煞，肯定影响身体

健康。

◊问题2 写字台座后有窗户

写字台摆设于近窗之下，或将写字台与窗平行摆放，将座设于窗与台之间，以窗作为座屏。

♨决断：风水上犯了后空的毛病，形成上山下水格。临窗而坐，对于经商者来说是不利的。风经常吹袭人之后，就会整日感到背部不安，常此以往，就会扰乱人的精神。如果是遇到寒冷之风，还容易便身体失掉平衡，使人生病。窗外的光从人背后照入，得到的是背光，背光有碍视力。背窗而坐，没有得到坚实屏障的依托。如果是窗台过矮，可能还会有不慎坠落的危险，均应予以避免。

◊问题3 办公桌正侧面有走道

办公桌的正、侧面避免有走道，有道就像路冲一般犯煞。

♨决断：风水上喜欢曲径通幽，最忌冲射。室内路冲就像在室外遇到的路冲一样，都是不好的不好的格局。总之遇到这种情况是应该变一变的，最好的化解办法是挪位或办公桌前放植物挡煞。

◊问题4 办公桌遭逢横梁压顶

办公桌所放的位置，不注意刚好在屋内的梁下，形成横梁压顶的情形，要引起特别的注意。

♨决断：风水上讲此局容易心神不宁，头昏出差错。职场压抑，财运不开。若压头顶，只有将桌位前后挪动，避过即可，再一种处理办法是天花板上吊顶装饰，眼不见为静。

◊问题5 办公桌距离门太近

坐位安置在门边，或者离门很近，办公效率较差。

♨决断：办公室内，职位越高要离大门越远。职员也相同，依照职位高低，作一个相当的调整搭配。风水上，特别注意堂局之说，办公桌前的空间是中明堂之位，中明堂越大，才华实战的机会越多，权威财运就越大。

宜忌☆活解

室内摆设写字台最理想的方案是：写字台之后是踏踏实实的墙，左边或者右边是窗，透过窗是美的自然风景，即景色优美，采光良好，通风适宜。门开在写字台前方右角或左角上，这样不易到受门外噪音的干扰和他人的窥视。

宜：写字台前有明堂形成的生气区

写字台的安放，台前应有一个比较宽阔的空间。办公桌前方正面要开阔，不可逼窄。按风水说法是拥有明堂，明堂为风水的生气方，为办公桌为中心的小太极区域生气方。

活解经法： 如果对面离墙壁太近，前途也会像被墙阻挡一般，运气无法展开。有空间的风水可使唤人的胸襟开阔。

忌：摆放写字台冲着门

摆放写字台，有两点要注意，一要注意不能将写字台正面对着进门。二要注意坐在写字台之后的人要有墙一类的凭靠，不能有多余的空虚。

活解经法： 避免将写字台正对着门，主要是为了使领导者在工作时，不容易受到来自门外噪音的干扰，和受到他人的窥视，不犯冲煞。避免写字台后有多余的空虚，主要是为了使坐在写字台办理商务的经商者，减少来自身背后的空虚和不踏实之感，增加可靠性，不犯坐空朝满，上山下水的格局。

宜：写字台左前方或右前方是门位

写字台距离门较远，而且门又是位于写字台左前方或右前方的斜角上，可以避免他人从门直接窥视和来自门外的噪音。

活解经法： 反过来说门的斜对角在风水上是财位，办公桌放在财位上自然容易招财，容易赢得上司的赏识，达到财力双收

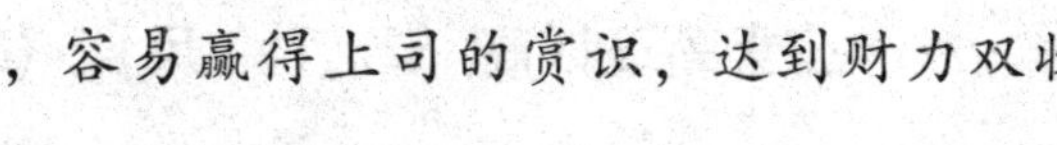

的目的。

忌：坐位后面无靠山

办公桌座位后无靠，不是什么好格局。不仅领导的办公桌后要有“靠山”大吉大利，对公司职员来说，也要有靠山。

活解经法： 办公桌安置在有“靠山”的位置，让座位后的墙壁形成良好工作区位好屏障，能够使人坐得安稳，干得踏实。背靠墙的原则，包括我们老板和员工，背靠墙，有靠山，能得到老板的重要和提携。

宜：总管的办公桌要比员工大

办公室总管的办公桌一定要比员工的大，如此才为正确。在风水上能体现一种气势，也能营造一种归属感。

活解经法： 总管的办公桌如果不够大的话，要在旁边安置几个柜子，来增加气势。如此一来才能够顺利地指挥员工。

忌：办公室桌椅摆放长幼次序混乱

办公室桌椅摆放次序混乱，主要体现在办公室高级主管、主管和员工的座次摆放以及座位桌椅大小的失常现象，譬如将主管位放在了员工位或将员工位放在了总管的位置上，使办公室的领导层次出现混乱局面。这在风水上不仅不利于聚人气聚财气，而且容易引起办公室纷争。

活解经法： 高级主管办公桌要安置于房子的后方，老板为最后，要依照职位高低来分前后。冲门，冲路，宜置放屏风，矮柜挡煞。

附：办公室桌椅的吉祥布局

- 办公桌一般宜摆在进门方向的右侧，坐下之后，门是在左前方就对了，当然最好还是以当事人的八字来找吉方。
- 办公桌高度以高（2．1台尺）、（2．8台尺）为佳，办公桌

颜色应配合室内光线，深浅应调和；办公桌之前面应尽量有空间明堂要宽广；办公桌或坐位不可压梁，办公桌左右不可冲套房之厕所门，办公桌不可面对套房或公厕之墙壁，办公桌不可背靠厕所，办公桌不可左右前后厕门，主坐不安稳；

• 办公桌天花板应清爽舒畅，办公桌前不要有屏风。

• 办公桌前不要放酒橱，而且要将银盾奖牌放在橱内。

• 办公桌前不可安挂镜子反照自己会心神不定。

• 办公桌内进门不可安镜子照门是非多；

• 办公桌右方尽量不插旗子；办公室之旗子应插在背后左方或左右两方为佳；

• 办公室或办公桌不可在厕所或厨灶之下方；办公室或办公桌不可在厕所或厨灶之上方；

• 办公室或办公桌不可在机房之上下；办公室或办公桌左右前后不可有巷路冲身；

• 办公室或办公桌不可在垃圾焚化场旁边；办公室或办公桌不可在公厕之旁边；办公室不可在部下之前面一宾主不分；

• 办公室之白虎方不可有震动之机器或马达；办公室之顶上不可有水池；办公桌右方不可安水族箱；办公桌右方不可放影印机；

• 办公室内不要放藤类盆景；办公桌右方不可安冷气机或抽风机；

• 办公室图案不可挂得太多而形成零乱。

• 办公桌正前沙发桌不可直冲坐位。

• 办公桌正前窗外不可正对旗杆或电杆。

• 办公桌背后不可有人来来去去的走动。

• 办公桌不可坐于梁下，桌子也不可于梁下。

• 办公桌不可面向外面水沟之顺水流一主失财；办公桌最好逆水而坐；

●办公桌不可侧面对冲厕所门；办公桌不可背靠厕所门，不可背靠厕所洗手间；

●办公桌不可面向进门直冲，办公桌右边不可靠墙一宾主不分；办公桌左边靠墙为利一主客分明；办公桌坐椅不可太压迫，宜适中，有舒适感；办公桌桌面不可垫白纸一心浮躁；

●办公桌位后面不可让人来来往往一不安稳，办公桌正前方不可有柜角或墙角冲射胸口；办公桌不可坐在神位之下方；

●办公桌上青龙方宜高，白虎方宜低、宜静，桌上电话，灯具宜置龙方为吉。

●业务员、外务员之办公桌后面有人流动来往，会计、财务人员办公桌背后不可有人来往流动。

五、办公室内部最关键的财位风水

【提要】办公风水关于财位，存在“象征性财位”与“实质性财位”两方面之说。

象征性财位，即入门的左边或右边对角线的位置。风水认为该位置最好不要是走道通路，而是能形成一个角落聚财之象，然后在其之上摆放一些吉祥物，以增加财气。象征性财位对一般的风水还是有很大作用的，但在特定的情况下需要就事论事。

实质性财位，即通过命理宅理九宫飞星，严格计算出来的最旺位置为财位，具体讲在这个位置可以放置喷水池、金鱼缸、自来水、排风扇、门、窗等，通过实水或虚水催财。

财位不可过于黑暗，应放置在有阳光或灯光照射的位置，这对催财大有帮助。

财位是旺气凝聚的所在地，更是公司财气所聚的方位，如果把沙发放在财位，通过公司迎来送往的人气，让公司的财气在洽谈交往中成为活动的气脉，可使办公空间中的具体经营由此多沾染财气，达到风水利财的效果。

在财位可适当摆放一些寓意吉祥的物品：如福、禄、寿三星或是文武财神的塑像，会吉上加吉，有锦上添花的作用。关于财位的风水利用，最忌讳厕所浴室或杂物间在财位，这会令财运锐减，不但使财位不能招财进宝，反会让家财损耗。

问题★决断

办公风水中涉及到具体的财位布置，常见的情况，是根据现有的空间格局，进行人为布局。

问题1 五行属水的公司如何把握财位

从事五行属水的企业，办公室的财位可设在水气旺盛之地，如江河交汇，气势磅礴，奔流不息，财位正确，财源丰富，若再逢旺水。

决断：公司外围有河流围绕、或湖泊相映，小溪穿流，或多旅馆，游泳池，水形道路，而且近邻水厂等最好，公司内部的财位最好左右有水池，洗手间，下水道，饮水机等，这样财如喷泉，活力四射。这种风水主财力雄厚，四通八达，财源遍布海内外，而且经营者能上遇贵人，下遇贤良，左右逢源，占天时，得地利，居人和。公司工厂前程似锦，辉煌腾达。

问题2 五行属水内外遇土

公司五行属水，却内外遇土，如内设有假山石，黄色厚重物，外围有土形道，土形建筑物，土楼，矮屋，土建工程，低山矮岗，残垣断壁，土形道路等。

决断：此时财位即是处于正位，但内外环境与财位相逆，克制财位，有力发不出，力量潜移，水流不出，死水一潭。寓意为

老板能力强，财运旺，但财星受压，处阴暗之地，外事局面开拓受挫，各项业务开展困难，时运未到，宏志难酬。

问题3 五行属水的公司如何利用与木的相生因素

公司的办公财位设在了木气旺盛之地，木逢水生，雨露滋润，茁壮茂密，财位正确，财源茂盛。

决断：若再逢旺水，就是企业外有河流围绕、或湖泊相映，小溪穿流，旅馆多，或沐浴场，游泳池，水形环道，水厂等，企业内部财位左右有水池，洗手间，下水道，饮水器等，内水外水来生，财位在长生地，财位自然会充满活力。

问题4 五行属水遇火时如何布局财位

从事五行属水而办公室的财位设在木气旺盛之地，木遇水生，为吉，但若内外遇旺火，即外围的建筑物体低矮，如锯齿状，或尖锐的建筑物，或火形山峦。火形道路，桥梁，电子产业，电杆，电塔等，内部有电闸，开关，锅炉，电房等。

决断：财位受到火来耗泄，风云变幻，好运衰退，机构运转失灵，市场丢失，资金回笼受挫，管理层混乱，离心离德，市场开拓遭遇严重阻力。可化解，布局调动内外生力，巩固财位。

问题5 五行属水财位处于金旺之位逢旺水

五行属水，财位设在金气旺盛之地，金去生水，财位泄气，属财位设置无力，若再逢旺水，为不吉。

决断：多为外围有河流围绕、或湖泊相映，小溪穿流，或旅馆多，沐浴场，游泳池，水形环道，水厂等，内部财位左右有水池，洗手间，下水道，饮水器等，财位气场暗淡失色。

问题6 五行属水财位处于金旺之位逢旺木

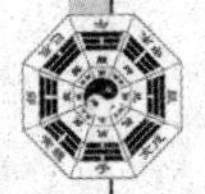

五行属水，办公室的财位设在金气旺盛之地，金去生水，财位泄气，财位本就元气受损，若再逢旺木，木坚金折，财位失气。

决断：企业内外构势木旺，内部财位木形物质器具环绕，如木质家具，木柱，木梁，花草，风景树等，外围有木形山，木形道路，木形建筑物体，木材市场，木器厂，财位气场黯然无光。象征企业高层管理四分五裂，心怀鬼胎，员工懒惰，或售后服务不到位，客户撤单，资金回笼无望，引发连锁反应，不久而衰退。

问题7 五行属水财位处于土旺之位逢水

从事五行属水，财位设在土气旺盛之地，土克水为财，吉祥，若财位再遇水耗泄，财位无力，凶兆。

决断：如企业内部勘测财位左右有水池，洗手间，下水道，饮水器等，外围的建筑物体低矮，湖泊相映，小溪穿流，旅馆多，或沐浴场，游泳池，水形环道，水厂等，企业经营萎迷不振，财政状态捉襟见衬，企业发展面临困难。

问题8 五行属水财位处于土旺之位逢木

五行属水，办公室的财位设在土气旺盛之地，土克水为财，财位吉，若再遇木，财位处在极弱之势。

决断：企业内部布局多花草，盆景，木形家具，木梁，木柱子，木制品等，外围有木形建筑。木形山，木材市场，家具制造业等，木气太盛，克土为患，财位严重受损，气场如死灰。你的企业一开始就择业不对，或资金不够，准备不充分，拔苗助长，盲目上马，招致败北，有解药，可救。

问题9 五行属水财位处于火旺之位逢土

从事五行属水的企业，经勘测你办公室的财位设在火气旺盛之地，火受水克，财位无气，水火相煎，火灭财绝，若内外再逢土旺。弱火还要生土，火无气，财位严重受欺。

决断：内部设置假山石，黄色厚重物，外围有土形道，土形建筑物，残垣倒壁，土楼，矮屋，土建工程，低山矮岗，土形道路等，从财气看，企业处在停顿状态，犹如日薄西山之相。

问题10 五行属水财位处于火旺之位逢旺水

五行属水，办公财位设在火气旺盛之地，财位遭水克制，财临死地，已经是衰弱至极，若再遇旺水，星火气灭。

♨**决断：**多为外有河流围绕、或湖泊相映，小溪穿流，旅馆多，或沐场泳池，水形环道，水厂等，内部财位左右有水池，洗手间，下水道，饮水器等。财位坐死地无生机，内外煞星嚣张，气场死黑无光，表示企业资金损尽。

办公桌的右边即是本屋的财位

宜忌☆活解

《天玉经》云："水上排龙点位装，积粟万余仓"。其意就是指真水居于水上排龙旺位，定主富有。找出旺财的方位后，要在这个方位摆水或置水位，则财运自然兴旺。阳宅财位地方，若是在进出大门或房门，窗户以及设置空调器或蒸气逆风电暖器都能起旺财的作用。

宜：财位明亮有生机

财位宜亮不宜昏暗，明亮则生气勃勃。故此财位有阳光或灯光照射，这对生旺位大有帮助。

活解经法： 财位宜生，所谓"生"，是指生机茂盛，故此应该在财位摆放常绿植物，尤其是以叶大或叶厚的黄金葛、橡胶树及巴西铁树等最为适宜；但要留意，这些植物应用泥土种植，若以水来培养则不宜。财位不宜种植有刺的仙人掌类植物，否则弄巧成拙。

忌：财位不可昏暗

财位忌暗：财位宜明亮，不宜昏暗。如过于昏暗，可进行调整。

活解经法： 明亮则生气勃勃，昏暗则暮气沉沉，有滞财运，需点长明灯化解。

宜：财位可以坐

财位宜坐，财位是一家财气所聚的方位，故此应该加以利用。

活解经法： 可把沙发放在财位，当人们坐在那里休息谈天时，可以多沾染里的财气，便自然会家肥屋阔。此外，倘若把饭桌摆在财位亦甚适宜，因为这会令一小均受益。

忌：财位一般忌水

财位忌水：有些人喜欢把鱼缸摆放在财位，其实这并非适宜。

活解经法： 因为这无异于是把财神推落水缸变成了"见财化水"了！财位忌水，故此不宜在那里摆放用水培养的植物。

宜：财位宜躺卧

人约三分之一的时间用在睡眠上，故此睡床方位的吉凶对运程有很大的影响。倘若睡床摆在财位，日夕在那里躺卧一下，日积月累，自会对财运在有益处。

活解经法： 有些人误会，以为睡床是沉重的家具，可能会压损财位，故此不敢把床摆放在那里，其实是浪费了财位。

忌：财位不可后空

财位忌空：财位背后宜有坚固的墙，因为象征有靠山可倚，保证无后顾之忧，这样才可藏风聚气。

活解经法： 倘若财位背后是透明的玻璃窗，这便非但难以积聚财富，而且还会因此泄气，而有破财之虑。

宜：财位宜放吉祥物

P13 财位宜吉祥物：财位是旺气凝聚的所在地，若在那里摆放一些寓意吉祥的对象。

活解经法：假如是福、禄、寿三星或是文武财神的塑像，这会吉上加吉，有锦上添花的作用。

忌：财位有冲煞之类的影响

财位忌冲：风水学最忌尖角之类的煞气冲射。

活解经法：财位附近不宜有尖角之类的东西，以免影响财运。

宜：风水财位宜避开重物

风水财位应避开庞大的重物。在风水学来说，财位受压，钱财受压，这是绝对不适宜的。

活解经法：倘若将沉重的大柜、书柜或组合柜等等压在财位，那便会对这间房屋财运有损无益。

忌：财位不可受污

财位忌受污染：厕所浴室不要在财位，也不要将杂物放在财位上。

活解经法：这就会污损财位，令财运大打折扣，不但使财位不能招财进宝，反而会令家财损耗。

宜：办公室财位添财气

"财位"对事业发展有锦上添花的效果，财位多在进门的左前方或右前方对角线处，此处必须是很少走动之处，不能是通道，否则财运会守不住。如果右前方财位刚好是一个门，就要换找左前方财位了。

活解经法：有些房子因格局或设计关系，而找不到财位，或是刚好在财位的角落是大柱子凹进来，都是风水不佳的房子；最好是运用走道隔间，造出一个财位。

忌：财位上放一些犯忌物品

财位上放置的禁忌有下列数点：财位上不可放置会发热的电器品，如电视、电扇、电炉、瓦斯炉、电源线等。

活解经法： 财位不可胡乱堆置物品，或不加清理，布满灰尘。

财位上不可放人造花、干燥花。无生气，无财运。财位上方的天花板不可有漏水，墙壁或地板油漆不可脱落或磁砖斑剥。

宜：财位摆置配合老板八字

八字缺水的主人，应该在财位上摆个鱼缸。若是八字多水的人，就不要摆鱼缸，改摆长春树盆景。

活解经法： 最好是以老板的八字来认定财位应摆什么。若是能在老板办公室内找最佳财位则更好。

忌：财位上有植物的枯叶或死鱼

财位盆景，要细心照顾，让它长得很茂盛。如果是摆鱼缸，则选择圆形鱼缸较佳，或口小底大的鱼缸较佳。

活解经法： 财位盆景有叶子枯黄，一定要尽快剪除。鱼缸鱼种也应选色彩鲜艳易生长好养的，最忌让鱼生病死亡，会有损风水财运。

六、保险柜风水，守财有道秘法

【提要】办公室保险柜的摆放也十分讲究。因为保险柜主要负责保存店铺现金、存折或重要单据的功能，是公司财富的集中地，所以保险柜摆放在不恰当的风水位置，或摆放的方向不适宜，会令公司生意及利润受到影响。

在财位最好是设置收银台，象征进财能守。但“财不露白”，必须做些设计，将保险柜加以遮掩装饰，且要注意柜门的开向和朝向。放钱的保险柜应隐秘，不可摆着让大家看，以免漏财。但小额的收银机就不受此限，因为当天打烊结账后，就将收入保险柜了，最重要的还是保险柜。

问题★决断

保险柜是用来存放钱物等贵重物品的，在具体放置上要注意它的风水上的一些禁忌，还要了解它风水上的要求。

问题1 保险柜摆放在明面

保险柜不是一个平常的箱柜，这里往往会放置一些你的公章，存折，钞票及各种财物。因此，它的摆放位置，绝对不可能要露光。譬如大门直望，或门口就可看见，这是家里的“财箱露风”格局。

决断：容易破财，保险柜的位置必须愈隐蔽愈好。即使你一人独居，也要将它收藏好，最好放在柜内，不被其他人察觉。凡财箱外露，均作不聚财论。

问题2 保险柜要放在财位

保险柜可结合主人的属相八字与流年，结合室内综合风水因素，放在财位上为佳。

决断：将财箱放在财位上，招财功效更佳。

问题3 保险柜的密码不与己相符

保险柜的密号根据自身的喜用用神来决定。根据五行，要火的话可采用三或四号。要木的话可选一、二号。要金的话用七、八号。要水的话用九和零。

决断：这是最快方法，以适合的号码作为保险柜码，可保证财箱拥有吉祥之五行，增加招财能力。

问题4 保险柜与整个空间不协调

保险柜与办公室空间保持相和谐最好，保险柜若不相称，而显得狭小或简陋，则表示此家人非常吝啬，而过于高大或过于豪

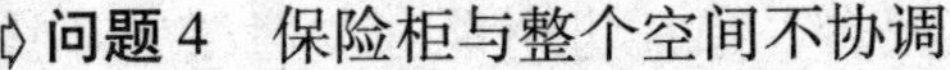

华，忽略房间大小和整体风格，则会生发投资见微利的现象。

♨**决断：**则表示此家人财运旺盛，而保险柜是否显得匀衡相称，需依房间而定，以配合房间的大小为要。应配合房间而定。

宜忌☆活解

保险柜最好摆放在财位，可通过需要专业人士，再公司老总的八字以及公司坐向组合，是能够计算出来的。但生活中身边有没有专业人士，很多人有不懂的具体的组合计算，怎么办？这时候我们可在一些最基本的风水方面来进行把握，只要在基本的风水宜忌把握上不出偏差，可有望弥补一些你的遗憾。

宜：背向店铺的大门摆放

保险柜柜门宜背向店铺的大门摆放，如保险柜门向大门开店，表示财往外流。

活解经法：保险柜柜门迎门之下，即使店铺经营获利，也会因开支庞大而产生漏财。

忌：保险柜柜门不宜正对财务室门口

保险柜门若对这门口，一为钱财放在明面的财气外“露”，同时，门口之地，人来人往自不利于财位喜静的风水规矩。

活解经法：保险柜门若对门口，则会受到门口气流的冲击，意味着财来财去，难以聚财。

宜：保险柜在店铺白虎方

保险柜宜在办公室白虎方，这与商铺环境中的收银台的风水一样，都讲求“青龙宜腾，白虎宜伏”。保险柜是有一定重量的金属柜，摆放于白虎方，符合风水上白虎宜伏的原理。

活解经法：如把保险柜摆放于“动位”——青龙位上，容易令店铺财运与收入不稳定。

忌：保险柜放置于横梁下方

横梁压在保险柜之上方，非生财风水的安顿。由于横梁改变室内气流的走向，这样摆放保险柜会对店铺的财运受到压制。

活解经法： 保险柜若被压在梁下，会对公司的收入构成很大影响，影响财运的进入。

宜：摆放在西南或东北方位

保险柜五行属金，如能摆放在西南或东北方位，更佳。

活解经法： 因为西南与东北方位五行属土，而土能生出黄金，把保险柜摆放该方位有利平稳店铺财运与稳定店铺利润。

忌：保险柜与空调所吹的风相向

保险柜与空调所吹的风向相同。意味着公司会不断的有意外的开支。

活解经法： 风是公司财务室保险柜风水的最大忌讳。

七、老总办公室，公司风水中的权贵

【提要】公司董事长与总经理的办公室宜分开，不宜共处一室，容易产生权力抗衡，协调不易，各有主见。同时董事长房间面积不宜太大，气不易聚，孤寡之象，业务会衰退。千万不可以为房间越大越气派。当然太小面积也不宜，代表业务拓展不易，格局发展有限。董事长室及业务主管室最好设在较高楼层。

进入办公室房间的动线也应顺畅，虽然董事长及主管房间大都在后面，从大门走到房间的动线不可弯弯曲曲，或有杂物阻碍绕道而行，或曲径幽深、阴暗，这样财气不易进入房间，则业务困难重重。

老板办公室的房门最好开在坐位的左前方，以进门而论，是在右前方，因我们走路大都习惯靠右边走。或者门位可依本命的吉方位亦可，即生气、延年、天医、伏位方。或者用玄空学九宫飞星选择出的旺气位也可。如果以上叁者皆符合时，则为上上之选。否则因地制宜即可。

问题★决断

老板是一家之主。他就是这个企业或单位的家长，他办公室风水的好坏，直接影响到整个企业或单位的兴衰。如果是大公司的话，老板的办公室应单独设立，不宜与众多员工扰在一个大开间里。

问题1　老板办公室的藏风聚气。

老板办公室最好是套间。外间设文秘一位。外间要小，占整个办公室面积的三分之一，而内间老板室应占三分之二。外间置等候位，以聚人气。

好的办公前台设计在提升公司及员工形象的同时，又能愉悦主客的心情，其必然也会为企业赢得一定的商业机会

决断： 内外间中间墙的门不要设在中央部位，而应设在整体办公室入门处的近侧，或用屏风隔断开。防止老板室内财气的直泄，形成“曲则有情”的风水格局。

◇问题2 老板办公室外间布局

外间文员室的墙上，有企业操作图板，流程图等，给客人有直观的对企业的了解，便于接下来与内室老板的交流。文员室内花盆、景致应多一些，保护室内空气的新鲜，使等待的客人有愉悦感。

♨决断： 内外间中间的墙体不宜用透明的玻璃，而要封闭效果的，产生一种神秘的含蓄的氛围效果。否则，客人透过玻璃窗一下子就看到了里面办公桌后的老板，下面的接触，老板会被动的，这就是反客为主的不利格局了。

◇问题3 老板办公室的采光

采光在风水里非常重要。万物生长靠太阳嘛。光线暗淡，事业的前途就暗淡。老板办公室如果两侧都有玻璃窗，光线太强太通透也不好。这样会造成室内人神经的衰弱与疲劳。应将窗外景色不佳的一面窗子用百叶窗帘拉上。

♨决断： 如果办公室是一面有窗的，那么，窗朝东、朝南、朝西都可以，唯不宜朝北。因北为坎宫、主劳卦。阴气重，阳气难以升发，事业的压力就大。如果已经是朝北的窗子了，那么，写字台不可距窗太近，室内的布置、墙壁或沙发、室内的书架等宜用暖色调的，或红颜色多一些，以补阳之不足。

◇问题4 老板办公室的格调布局

老板办公室风水布局，应体现主人的权威性，企业的文化性，以利于决策的贯彻执行力，营造一个有利的氛围。写字台应放在主人的生气方位上，沙发、挂画、装饰品、办公用品要选有气势有内涵的，放的时候要略高大一些，让外来之人感觉到有品位。这样看老板的感觉是仰视而不是俯视。

♨决断： 这一切的布置应统一在老板本人命理所需的八卦方位与色彩格调上面。比如说，国色天香的牡丹花画就宜挂在家中而不宜挂在老板的办公室，而气壮山河的万里长城图则能衬映出老板的大气威严。

◊**问题5　老板办公室大而无当**

老板办公室不可大而无当，空间过于虚阔，则显得处处露风，宜适当为好。

♨**决断：**太大则气不易聚，有孤寡之象，业务会衰退。当然太小也不宜，代表业务拓展不易，格局发展有限。

◊**问题6　老板办公室进出不可有阻碍**

进出老板办公室的动线，不可弯弯曲曲，或有杂物阻碍，绕道而行，或幽深、阴暗，都不是好的现象。

♨**决断：**老板办公室的路线应顺畅，虽然总裁的办公室设在后边，但从门口走到房间很费力的话，人气肯定不聚集，财气肯定会绕道，财气进不了房间，求财肯定困难重重。

宜忌☆活解

老板办公室室内的一切装饰、设施，包括一个花盆、一个挂件都要体现为我所用的原则。沙发的摆放应围成一个U字型，型口朝着老板台，形成一种向心力与凝聚力。室内不可出现尖角直冲台桌，也不要摆放有恐怖，或介于吉凶之间四不像的造型物体。

宜：老板办公室布局要遵循的风水原则

办公室是老板活动工作的地方，一般要遵循的原则是，门进则通，出则畅。椅坐则稳，立则直（忌头悬梁，头上有吊灯），面则润（对面设鱼缸或水盆景），背则耸（座背有靠山）。整体效果能阴阳和谐，动静协调，迎送有位，主宾有序，定变有常，十方有分。因为方和位的确定，十方八向构成了“方向”的内涵，人在“向”中为客，人在“方”中为主。

活解经法：老板办公室布置以“方”为主，“方”是指前、

后、左、右、右前、左后、左前、右后、上、下十个方位构成，“向”是由后天八卦确定的方向，即指南针所指示定下来的向位，特指东、西、南、北、东北、西北、东南、西南八个向位。

忌：饰物摆设与公司老板的生肖相冲

不少人喜欢在入口处摆放各种动物造型的工艺品，尤其是十二生肖，作为饰物摆设，但应谨记不可与公司老板的生肖相冲，以免有入门犯冲之虞。

十二生肖相冲的情况如下：

生肖属鼠忌马，生肖属马忌鼠；

生肖属牛忌羊，生肖属羊忌牛；

生肖属虎忌猴，生肖属猴忌虎；

生肖属兔忌鸡，生肖属鸡忌兔；

生肖属龙忌狗，生肖属狗忌龙；

生肖属蛇忌猪，生肖属猪忌蛇。

举例来说，公司老板的生肖属鼠，便不宜在入口处摆放马的饰物。若户主见牛，子丑六合。不宜在入口处摆放羊的饰物，子未相害，以此类推。

宜：老板办公桌应以卦命吉向、四柱命理为依据

老板办公桌一般应以卦命吉向为依据，吉向在东，则座位向东，吉向在西，则座位向西。

活解经法： 老板办公桌朝向还应以四柱命理为依据。根据用神方位定方向，如用神方向在北，则桌向向北，其它以此类推。

忌：老板的办公桌台对门或背门

老板的办公桌不宜正对着入室之门，也不可背对着门，这叫犯“六冲”，六冲有加剧矛盾，诸事不成之影响。

活解经法： 一般的摆放规则是，老板台居于室内背靠墙的一端，台桌应居于室内中轴线的中央位置。背墙的一面既不应距离太迫近，也不应太远而显出背后的空旷。桌前的空间则尽可能

大一些，暗示着公司的前景远大，市场广阔。

宜：老板办公室的门开在座位的左前方

老板的房门最好开在坐位的左前方，以进门而论，是在右前方，因我们走路大都是靠右边走。或者门位可依本命的吉方位亦可，即生气、延年、天医、伏位方。或者选择旺气位亦可，即正南、东北、正西位。

活解经法：老板办公室符合时，则为上上之选，否则因地制宜即可。

忌：不考虑老板台与空间不量身制作

老板办公室的老板台，最忌不考虑空间因素，不考虑老板，盲目追求豪华。不要小室大桌或人小桌大，相反，大室小桌或人大桌小也不宜。

活解经法：老板台的大小应根据室内空间的大小，与老板本人身材的大小量身而定，要比例和谐。

宜：总裁室要在财位上

总裁办公室一定要独立，不可敞开办公，因为公司业务有一定的机密性，不可不加以注意。

活解经法：办公室财位是在进门的左前方或右前方对角线处，此处必须是很少走动之处，不能是通道，否则财运会守不住。如果右前方财位刚好是门位，就要换找左前方财位了。

忌：财位处不可凹进或凸出

因为先天格局或设计的关系，老板办公室找不到财位，或是刚好在财位的角落是大柱子凹进或凸出，都是风水不佳的地方。

活解经法：那么最好是运用走道隔间，造出一个后天财位。在配合财位的大原则下，在根据九宫飞星的原理，选择总裁室的理想位置。

附：选好老板办公室的八种基本方法

- 坐北朝南的写字楼，应以正北方或西南方的方位为总裁室。

• 坐南朝北的写字楼，应以正南方或东北方的方位为总裁室。

• 坐东朝西的写字楼，应以正东方或西北方的方位为总裁室。

• 坐西朝东的写字楼，应以正南方或东南方或西北方的方位为总裁室。

• 坐东北胡西南的写字楼，应以西北方或东北方的方位为总裁室。

• 坐西北朝东南的写字楼，应以正西方、西北方和正北的方位为总裁室。

• 坐西南朝东北的写字楼，应以正东方或西南方的方位为总裁室。

• 坐东南朝西北的写字楼，应以东南方及西南方的方位为总裁室。

八、领导层办公室风水的核心之效

【提要】办公桌的放置方位很重要，必须放在室内的最重要方位上，原则上是在不动方。但最好还是要遵从自然，配合老板的八字格局来定位，这样才能完全和自然界的气场、磁场相辅相成。

风水关于“靠”，具有双重意义。在办公环境中，有门窗处就会有人通行，这会在心理上产生不安全感，会时时觉得有人在背后看着，所以心神无法静定，当然会影响决策，不利企业发展。另外在气场上言，背后有门窗，则气会从门窗散出，气就无法聚集。很多人认为座位后面最好是整面厚墙，座位后面不可有室内的行走线通过，只有在座位后无骚扰的情形下，才能坐得安稳。背后不可有门，仍是很重要的禁忌，这不仅仅是心理学上的要求。风水认为办公桌坐后靠窗，为风水大凶之忌。这和古人的生活环境

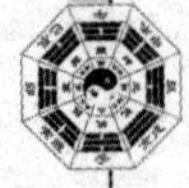

相关，也与他们的居住经验分不开。古代房子为平房，如果主管座位后面是窗，若是有人要加害此人，只需从背后的窗外下手，极为容易，而且根本无法知道是何人下手的。所以在古代，背后有门窗是最大凶。但是现代办公室大都是高层大楼，且用玻璃帷幕装潢，主管或老板的房间一定会有一面或二面是大型玻璃窗，但背后空，虽然安全，但心理上气场上属于不安全的范畴。

问题★决断

公司办公室在进行风水布局时，要考虑到古今风水的差异。风水对于“座位”有“背后要靠”之说，这个“靠”就是靠墙不靠窗，座位若是背对着门窗，表示背后无靠，古称“空门”，会损财运。但在现代社会环境中，需要我们带着辨证的思维来看它。

问题1 公司老板桌如何让老板八字与其吉利方位匹配

若八字缺木，东方属木：办公桌最好放在西方，坐西朝东。

若八字缺火，南方属火：办公桌最好放在北方，坐北朝南。

若八字缺金，西方属金：办公桌最好放在东方，坐东朝西。

若八字缺水，北方属水：办公桌最好放在南方，坐南朝北。

决断： 以上都是通则，最好实地堪舆，找出最吉座位。公司老板和公司的管理人员天天都要上班，最好是将每人的八字和董事长的八字做次总安排，找出每人相辅相成的方位和坐向，以利于公司事业的发展。

问题2 公司领导层位如何符合风水

主管掌管公司的政策，须具有精确的决断力和强悍的执行能力，才能抢得先机。如果不好的风水影响主管的决策力，势必造成公司的损失。

决断：良好的环境，则可以创造最佳决策能力，可达到事半功倍的效果。

问题3 公司主管或老板位不可对门

主管室的门，不要正对门。

决断：主管需要冷静思考，如果正对大门，会被人来人往的气场冲散了心。

问题4 公司主管或老板位正对会议室门

公司领导层位门，不要正对会议室的门。这种格局非吉祥之局。

决断：如果正对会议室的门，会造成上下级之间的不信任，容易彼此有歧见。

问题5 公司主管或老板位紧邻厕所

主管室内不能有厕所，公司主管或老板位不可近邻厕所。

决断：办公室内有厕所，虽然很方便，但即使没有直接对冲厕所门，随着时间一久，也容易被厕所的秽气所影响，造成运势施展不开，身体也会不舒畅。

问题6 公司主管或老板位遭遇窗外“角煞”

公司主管或老板位窗外不能有“角煞”，主管室窗外，能看见对面建筑物的锐角，会形成煞气。

决断：无形中被不正常的能量煞久了，容易消耗能量，精神无法集中，脑波的磁场也会被干扰，时间一久，容易失衡。

坐西北向东南的位置

问题7 如何摆放理想的公司领导层座位

公司领导层写字台的摆放分两种情况，一种是写字间选在办公楼的中间部分，另一种写字间安排在经商楼的地下层，这样的写字间无窗。

决断：在无窗的写字间摆放写字台，主要考虑的是两种关系：一是写字台与门的关系；二是写字台之后的人与身后物件的关系。在对这两个关系的调配中，有两点要注意，一要注意不能将写字台正面对着进门，二要注意坐在写字台之后的人要有墙一类的凭靠，不能有多余的空虚。

问题8 面向东南如何摆放老板桌

东象征事业蒸蒸日上，南象征事业逢索勃发展。面向东南象征发展信心。

决断：一般来说，在室内的放置桌椅是个比较合理的安排。有很好基础与信誉的大公司，都可以在这个位置安排领导座位。

问题9 坐西向东摆放

坐西向东如何摆放位置老板桌，东边表示良好的开始与迅速的发展。

决断：这个朝向适合软件开发工程及市场开发公司的领导。

问题10 坐北向南如何摆放老板桌

南代表了积极和热情，表明克服困难营得大众的决心。

决断：这个方向适合从事公众领域、销售领域、时尚领域的公司领导。

问题11 坐西南向东北如何摆放老板桌

这个朝向代表了一种竞争、明智投资和难度较大的行业。

决断：这个方位适合从事矿石开采业和机械加工和施工业的老板。

问题12 坐南向北如何摆放老板桌

坐南向北的位置，摆放老板桌，在风水上具有能促使人擅长交际能力，并且能有分寸的和人打交道。

♨**决断：**办公桌摆在这个位置，有望公司老板业务能有多提升，如果是公司总管在这个位子办公，还有望能在很短的时间内得到提升。这个位置，很合适于行政部门的领导就坐。

问题 13　坐东或东南如何摆放老板桌

办公桌摆放在坐东或东南的位置，做公司老板办公位。

♨**决断：**这个方位比较适合于年轻人，想很快创建新公司和想把公司做大的经营者。

问题 14　坐东北或西南如何摆放老板桌

办公桌摆放在坐东北或西南的位置，做公司老板的办公位。

♨**决断：**这个朝向适合做市场营销的公司领导。适合于那些想稳定发展的和有长期计划的公司。特别那些想和下属搞好关系的领导。

问题 15　坐东向西如何摆放老板桌

办公桌摆放在坐东向西的位置，做公司老板的办公位。

♨**决断：**这个位置适合接近退休的领导，特别适用于投资公司和销售公司的领导。这个位置表明公司的经济实力或者前途看好的投资项目。

宜忌☆活解

公司老板或各部门总管的办公风水，对于企业经营来说至关重要，由办公桌椅组成的吉祥方位所形成气场风水，对人的胆略、智慧都有一定的帮助，也能让公司风水起到影响公司生意的走向兴旺的促进意义。

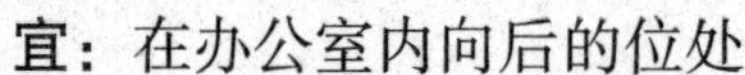

宜：在办公室内向后的位处

老板办公位最重要，原则上，宜在办公室的后方，犹如军队

的指挥官在后面掌控指挥调度，比较容易掌控员工，员工也比较敬业。

活解经法： 如果将老板或总经理的位置摆设在近门口处，犹如小兵打前阵，产生君劳臣逸的现象。老板则凡事必躬亲，员工们都比较被动，对公司没有认同感。董事长位置可设在西北位，因西北为“干”卦之位，干卦取象主事者也。

忌： 公司主管领导没有隔间

公司主管应有隔间，这样方不致于整个办公室空荡荡不聚气，人事疏离。如果一眼望穿，对于老板及总经理决策，没有隐私性，但易遭小人及公司业务机密外泄之虞。

活解经法： 办公室房间的设计配置，一般而言，职位越高者越后面，犹如银行业的摆置，前线为柜台员、襄理、副理、经理等，职位越高坐位越后面。

宜： 公司领导层的办公桌摆放整齐有序

办公桌上要少放东西，经常看到有的人的办公室上满是书籍，文件。

给人的感觉很忙，事多之象。其实桌上的东西以少为好，清洁而有序。

忌： 老板或总管办公位空虚少生气

避免写字台正对着门，主要是为了使领导者在工作时，不容易受到来自门外噪音的干扰和受到他人的窥视，避免写字台后有多余的空虚，主要是为了使坐在写字台办理商务的经商者，减少来自身背后的空虚和不踏实之感，增加可靠性。

活解经法： 写字台的安放，台前应有一个比较宽阔的空间，按风水说法一个是生气区，可使人的胸襟开阔。同时，写字台距离门较远，而且门又是位于写字台左前方的斜角上，可以避免他人从门直接窥视和来自门外的噪音，写字台的座后是一堵坚实墙，因为墙避如同山脉一样给人以坚实感，又使写字台有所依托。

宜：公司领导层的办公桌青龙位高

青龙位是在左边，可在桌子上的左边放名片、文昌塔、和一些略高的物品。

增加青龙位的力量，会提高你的名气和领导力

忌：公司领导层的办公桌在角煞区

办公桌位或坐位不可前后左右冲柜角，办公桌前后不可冲屋外他人之屋角。

活解经法：办公桌周围尽量避开风水上的煞气，煞气往往会扰乱人的办公思绪，不利于人展开正常的思考决策。

宜：公司领导层的办公桌置放砚台，笔筒。

写字台右前方置物要略高于左前方置物。右前方为白虎方，白虎喜山，易燥，宜摆放个人喜爱的固体装饰品，最好是玉石，玉石代表山，象征白虎卧山川。

活解经法：最好不放鱼缸，饮水机以及与水有关的盆景。

忌：公司领导层的办公桌后忌他人出入和放置他物

公司领导层座椅背后不能留出他人进出之路，放书柜、展品柜等。

活解经法：公司领导层座椅背后宜窄不宜宽，否则位置坐不稳，忌放书柜和饰品柜，这让人动来摸去也犯了大忌。

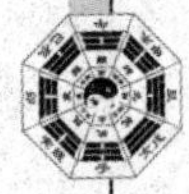

第五章
催官催财，旺财办公风水中的画龙点睛

谁不想公司趋吉避害，丁财两旺，财源滚滚，走向辉煌？企业兴旺，除了和政府好的政策支持，个人学识才干有关，也和公司的地理环境风水有重大关系，所以公司要兴旺不可忽视风水这一因素之存在，尤其是风水在商业上的催官催财作用。

商业催财可以选择从多方面来的入手。先确定你要催的是什么财，一般有正财，偏财，横财之讲究，不同的职业就不同的需求。比方说，你做中规中矩生意的，那么你就需要发动正财；如果你是做投资、股票类的生意的，可以需起运要偏财，赌博性质的就需要偏财和横财，但要说明的是赌博性质的国家是不允许的。等等，但也不能一概而论。我们一般自行调理旺财催财布局，根据不同需要就放点不同的吉祥物，就可以达到预期的效果。财不同放的方法也不同，一般来说，想要正财的人，一般都会摆放水晶球，植物，鱼缸等比较中庸的吉祥物，偏财的人就放一些貔貅，吸财大象，金蟾这类灵性十足的神兽类，因人而异，就事论事，这些摆放都需要和房子的座向，地运，财位，命格等综合相配合。

先天风水会催富贵之命，后天风水只催财运旺运。然先天风水祸福最为相关，生死荣耀尽系与此，如地脉有稍有好坏则会出现生死大事，主要表现在阴宅上。后天风水所决定的祸福，明显但是不如先天之显赫，后天风水可以人为的大改变，就像办公风水就属于后天风水，可通过选择调整达到预期的目的。

下面介绍几种常见的催财风水方法。

养鱼催财法

《易经》指出："润万物者莫润乎水"。天地生成数之数："天一生水，地六成之"。风水鱼最大的功能是添财添禄，其次才为美观化煞，还能对生辰八字缺水的人，运程上大有帮助。风水学离不"水"，认为水对宅运的吉凶盛衰会有很大的影响。鱼缸因是盛"水"的器皿，故此它往往与宅运有相当密切的关系。可见房中鱼缸摆放的重要性。但在风水学方面，鱼缸的摆放有两种不同的说法，一种认为鱼缸应该放在旺位，便会带动那方位的旺气，旺上加旺；另一种认为鱼缸应该放在衰位，这样才符合"泼水入零堂""入囚囚不住"的说法。依照玄空风水学的说法，"零堂"，是指失运的衰位方，把水引入失运的方位，是可以转祸为祥、逢凶化吉的，把鱼缸放在衰位亦可转换衰气。

催财风水鱼

从理论上讲，我个人还是比较侧重于第二种说法。元运不同，气场财位是不同的，催财法属于理气风水，理气风水是用科学的方法计算出来的。“气”有旺气和衰气之分。其中，当旺之气为财气、吉气。衰死之气为败气、凶气。水可纳财，所以鱼缸应该放在衰位化气，变为财气。我还有一种认为是，在遵从客观摆放条件下，放在财位的旁边，起到相辅相成的作用，起到城门作用。因为风水上讲究“山主人丁水主财”，有水就有财，水不占正位，以财位为正，一阴一阳，暗合天地生成之理。

养鱼催财，相对比较普遍。但要留意以下几点：

一是鱼缸的形状。

二是养鱼的数目。

三是养鱼的颜色。

鱼缸形状与五行的关系

水本静，喜动。在鱼缸风水中，水的循环与照明是风水中重要的一环，水在流动，所以属于阳气性质，如同自然界山水间的水一滴滴流入溪水中，再汇集成河流注入海里。有鱼缸自然就有形状，形状与五行之间又存在相互的关系：

1. 圆形的鱼缸，五行属金，可以生旺水，故为吉利之象。

2. 长方形的鱼缸，五行属木，虽然泄水气，但二者有相生关系，也可用。

3. 正方形的鱼缸，五行属土，土能克水，出现相克制的力量，故选择鱼缸不宜选择正方形的，正方形鱼缸也不符合美学标准。

4. 六角形的鱼缸，以六为水数，故五行属水，可以利用。

5. 三角形或八角形甚至多角形的鱼缸，五行属火，水火驳杂，故不宜用在财位上布局催财。

据五行分析，最吉利的形状有长方形及圆形和六角形，有利财位上布局催财的作用，对于鱼缸的大小，建议因地制宜，适中

为好。希望大家在日后选择鱼缸时，要多加注意。

养鱼的数目

有鱼缸了，到底养多少条鱼才适合呢？养什么颜色的鱼为主呢？养什么种类的鱼为佳，有一定规律吗？这很难一概而论，目前来看，最准确，最有说服力，最有理论依据的是：养生命力强，容易养的鱼为最佳。对于数量只能以洛书为依据，因人而异来养，无法计数的，以种群分类计算。大家都知道，阳宅风水以先天看来龙，以后天看方位。先有龙脉后有房子，有了房子，才能放鱼缸，所以在这里的取舍应以后天八卦为主，即以洛书戴九履一为主。

一般我们可以以洛书数来选择养鱼的数目。

一条代表：一白水，可以旺财。

二条代表：二黑土克水，不利财运。

三条代表：三碧木泄水，不利财运。

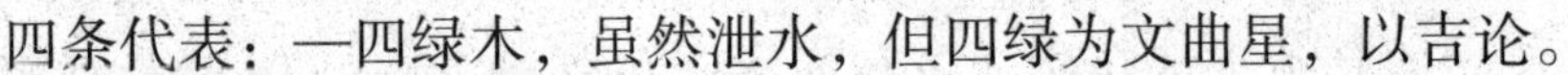

四条代表：—四绿木，虽然泄水，但四绿为文曲星，以吉论。

五条代表：五黄土克水，不利财运。

六条代表：六白金生水，有利财运。

七条代表：七赤金生水，虽为凶星，但有相生之情，出以吉论。

八条代表：八白土克水，但八白为左辅星为吉星。

九条代表：九紫火，但右弼星，为吉星，可以旺财。

十条以上除去整数，如二十条，以二条论，十五条以五条论。

鱼的颜色

鱼的颜色在一定程度上，对催财带来一定的影响。因此我们在选择鱼时，也要注意这点：

鱼的颜色是金色或白色，便是五行属金，金可以生水，故催财力量较强。

鱼的颜色是黑色、蓝色或灰色，便是五行属水，水能旺财，催财力量也很强。

鱼的颜色是青色或绿色，便是五行属木，木会泄水，催财的力量较弱。

鱼的颜色是黄色或咖啡色，五行属土，土能克水，催财的力量很弱。

通过讲解，我们知道了通过鱼缸的摆放和养鱼，可以增强财位和起到催财的目的。还有一些催财的风水用品如水晶、三脚金蟾、金龙、五帝钱和貔貅、珍珠宝盒、龙龟、麒麟、招财猫等，运用得当，同样能达到异曲同工之妙。

貔貅催财法

貔貅是中国传统文化中的招财辟邪神兽。佩戴或安放在家中，能起到招财进宝，辟邪镇宅保平安的功效。古代谚语有，一摸貔貅财源旺盛，二摸貔貅镇宅平安，三摸貔貅官运亨通之说。貔貅是最强的招财瑞兽，以财为食，收纳四方之财，又能忠心护住，所以被历代人所喜爱。貔貅是中国古代五大瑞兽之一，传说中的龙九子，生下来吞金吃银，有嘴无肛门，能吞而不泄，可招财聚宝，只进不出，神通特异又爱吞邪灵，所以也有人把它叫招财辟邪，是镇宅催财的极佳物品。民间传说，在皇帝和蚩尤打仗的时候，貔貅立有战功被封为天禄神，即送福送禄之意，在古代只有皇家可以独自拥有，所以也是皇家宝贝，平常百姓和大臣之家若有此物论律当斩。开光后的貔貅一生只认一个主人，专门喜欢叼路人之财来讨主人喜欢，对主人非常忠实，一般从事外汇买卖、股票经营、金融投资，开公司，跑业务的人，最适合拥有此物。直到今天在香港等地如果谁打麻将带貔貅，马上会受到牌友的拒绝，在澳门佩戴貔貅是禁止进入赌场的。不论工作属于正行或偏行。但有一点要留意，非正当行业的人，所拥有的貔貅未必有催财之力，这便是灵兽的特性。

旺财貔貅

一般制造貔貅像的物质有四类：

1、金属——以铜来制造，磨光后的色泽接近黄金。

2、木材——一些古老大屋会利用质坚的木材雕造貔貅，然后放在横梁上，用来挡煞。

3、瓷器——以泥土的质地来制造。

4、玉器——以不同的玉种来制造。

不同材质的貔貅，都可摆放在风水的吉位上，都会有催财作

用。但在这四种物质上，唯有用玉器和金属制造的貔貅催财力最强。但我们在摆设时，要注意。貔貅的头要向斜对门外或窗外，不能对着镜子或自己。貔貅有公母之分，民间传说公的貔貅代表财运，而母的貔貅则代表财库，有财要有库才能守得住，因此收藏貔貅大多都一次收藏一对，才能够真正的招财进宝。但如果要戴在身上，一只就好。

综合说来，貔貅在风水上的作用，可分以下几点说明：

（一）有镇宅辟邪的作用。将已开光的貔貅安放在家中，可令家运转好，好运加强，赶走邪气，有镇宅之功效，成为家中的守护神，保合家平安。

（二）有趋财旺财的作用。除助偏财之外，对正财也有帮助，所以做生意的商人也宜安放貔貅在公司或家中。

（三）有化解五黄大煞的作用用来化煞镇宅和旺财，尤其在财运方面，貔貅是有较明显作用。历史上只有皇家可以独自拥有。

水晶的催财摆放

水晶对于家居装饰来说是最熟悉不过的了，不仅外形精美剔透，而且对于风水也有着重要的改善作用。水晶是是一种无色透明的大型石英结晶体矿物。主要化学成份是二氧化硅，属贵重矿石，产量较少。古称“水玉”、“水精”。由特殊的分子结构组成

开运催财水晶球

的石中精灵，经亿万年不断吸纳天地日月之精华而形成，能改善人体的磁场，并具有扭转乾坤转动风水运势的奇特功效，拥有令人难以置信的神奇力量。不但可以扭转运气，达成愿望，更由于水晶有超强的气场能量及记忆能力，全世界都运用它的能量及气场，来镇宅避邪，改风水去霉运，带来好运。所以说水晶可持盈保泰，招吉纳祥，护身平安的作用。

水晶是含有放射性的，其磁场亦很强，而水晶以天然水晶的效力为最强，人工水晶的效力较低。在风水学上，水晶又有风水石之称，因为天然水晶凝聚天地灵气，再经过难以数计的岁月粹炼，形成各式各样的水晶，每种水晶都代表着不同的能量频率，并且产生不同的磁场与功能，影响着我们的生活，在风水学上，水晶根据五行相生相克的道理，就演变成风水学上最重要的金、木、水、火、土五行了。今天特别介绍水晶催财的秘密和方法。让我们选择一个好的水晶。

一、上等天然水晶自有上等效果，我们选择的方法是：只要你把手掌离水晶一寸距离，你会感觉到有一股压力弹向手掌，这是表示水晶能量甚强；同时手掌有少许肿胀或麻电的感觉，这是表示水晶的磁场强劲。可以说力量也更大一些。

二、不同的水晶有不同的功效，要懂得不同水晶的功能就要了解下面这几点：

白水晶：增加运势、生意兴隆、消除争执

绿水晶：开创正业、灵活创意、消除疾病

黄水晶：事业提升以及正、偏、横财开发

粉水晶：桃花、爱情、人际关系的大提升

紫水晶：升官晋级、巩固团结、贵人靠山

茶水晶：稳定发展、谋略策划、调整心态

三、一般的吉祥物要开光，但水晶只需要“消磁”的工序即可，就能具有催财作用：

常用的方法是，先用粗盐水洗净后再阳光照射几小时，注意不可照射太阳过久，以后约隔二个月，仍需拿出来照照太阳或灯光为宜。因为水晶是地下的一种矿石，有他不干净的因素，用盐水消毒最好不过。

四、常用水晶催财具体程序。

1、选大门对角（明财位）摆放。

2、选客厅中央屋顶悬挂水晶球。

3、选大门口内屋顶悬挂水晶球。

4、选流年吉利位摆放，即元运旺宫位。

5、选地支即属相的六合生肖位摆放。

五、摆放水晶催财须知。

1、水晶摆放不宜常移动，有空时面对水晶，静心坐下默想、将自己希望的事专注的观想。例如：想着自己所要的利益，作个观想顺利达成，如此日积月累之后，必能够增加赚钱进财的机会。

2. 水晶虽然形状分为很多种，也有将不同形状或颜色区分出金、木、水、火、土五行，但运用在风水中的，最常见的有水晶球、水晶山、水晶洞、水晶柱、水晶吉祥物等；效果并没有太大的差别，反而是注重摆放的位置和水晶的质料精美、颜色、大小。

3. 水晶不宜太小，最小都要超过六公分以上。

4. 水晶不能放置在卧室，因长久睡在强磁场下，易会造成情绪不稳；但摆放在办公桌上或书桌上，则无碍。

5. 水晶避免放在电脑桌上或悬挂在其上方，如此水晶磁场和计算机的电磁场，颇此互相干扰，易未蒙其利、先受其害。

6. 水晶制作的吉祥物甚多多可随身携带，但不宜用做图章的材料，尤其忌用公司大印、个人印鉴、夫妻对章（结婚印章）。

7、水晶应尽量避免少与含酸碱性较强的液体接触，以免使水晶球外层受损、红绳腐蚀，影响其美观。

水晶是一种有灵性矿物，它能带给我们好运，也能帮我们逍

除恶运在大自然界中被喻，为石中精灵的灵动法宝，水晶的纯洁和神奇力量是佛曰不可说的灵异传奇，因此认识水晶与水晶结缘，纳福招财，聚财聚人气，镇宅催官运，也是保平安的方便法门。

旺财金蟾的摆放

在办公的财位或旺位上摆放催财风水吉祥物，可令财运转旺，对生意经营有锦上添花的作用。因此，近年来，办公催财风水的物品效应备受重视，广为流行。金蟾因为更适合发偏财，所以深受做生意的喜爱。

金蟾，三足，又叫做三条腿的蛤蟆。三脚蟾蜍天性喜欢金银财宝，对钱财有敏锐洞悉力，很会挖掘财源，能口吐金钱，大旺钱财。传说上八仙之一的刘海，喜欢周游四海，降魔伏妖，布施造福人世。他降服了长年危害百姓的金蟾，令其改邪归正，将功赎罪，四处吐钱帮助贫人，所以后来被人们当作旺财瑞兽，深受喜爱。民间流传“刘海戏金蟾，步步钓金钱”的传说。很多生意人更是把金蟾当作为旺财守财的风水法宝。

含钱旺财金蟾

金蟾是最佳旺财吉祥物，造型很多，一般为坐蹲于金元宝之上，背负钱串，丰体肥硕，满身富贵自足，有“吐宝发财，财源广进”的美好寓意，民间有俗语“得金蟾者必大富”。

常见的分为嘴中含钱的和不含钱的两种金蟾。一般催财金蟾三只脚，背上有北斗七星，嘴衔铜钱，头顶太极两仪，脚踏元宝山及背负写有“招财进宝、一本万利、二人同心、三元及第、四季平安、五谷丰登、六合同春、七子团圆、八仙上寿、九世同居、十全富贵”等字的铜钱。这种与五代十国全真教北五祖刘海典故有关。

还有一种是“蛤蟆吃天形”的金蟾，也是三只脚，身背铜钱，脚踏元宝，唯独嘴不含钱，他的典故来自于蟾宫折桂，吸纳天地灵气，日月精华。古人常打比方到嫦娥和蟾蜍共处的月宫上去折取桂树枝，

隐喻和祝愿科举考试及第、仕途有望等。这“蟾宫折桂”成语一出，金蟾又被引申为富贵及仕途有望的一种预兆灵物，一种能够给人们带来官运和富贵的吉祥物。受这双重文化的影响，金蟾的吉祥文化也就更深入人心了。

口不含钱金蟾

区别了金蟾的种类，我们再谈谈摆放的正确位置。金蟾有招财功效，会让你生意兴隆，财源不绝。金蟾咬进的财宝是要吐出来的，所以口要向内，代表财运增加，若把口向外，便会把财运送出去，固摆放的时候，嘴中含金钱的金蟾要向内忌向外，否则所吐之钱皆吐出屋外，

不能催旺财气。对于嘴不含钱的金蟾，头要朝向门外，取义为吸财招财纳福。要注意头朝向门外时不能正对着大门，要稍微侧一点才吉利，以免犯着门神。另外，金蟾不能让外人摸，否则，金蟾吐出的钱财可能会有外泄的可能。

除上述区别之外，金蟾摆放换要注意几个大的原则：

一、金蟾不能对着佛祖、菩萨等神像，摆放的位置也要低于这些神像。

二、金蟾不能对着厕所或者摆在厕所旁，五帝钱和六帝钱等化解厕所煞气的风水物品除外。

三、貔貅、金蟾等招财类的吉祥物不能对着鱼缸或者鱼状的物品，否则造成见财化水的格局。

四、金蟾不能摆放在横梁的下方，让人感觉钱财受压。

今天金蟾作为一种装饰品，吉祥物，已走进了千家万户，他不仅有装饰作用，还可以避邪、招财。市面上蟾蜍以玉制、铜制的最常见，瓷器的也很流行。玉器、瓷器的金蟾适合摆放在五行属木、土的地方。铜制的金蟾适合摆放在五行属金、水、火的地方。用材料属性，配合方位的使用，达到事半功倍的效果。

办公环境的佛像风水

中国人一直是崇拜多神的民族，信仰自由，所以各式各样的神均有人信奉膜拜。我们凡夫俗子供养佛像，往往把它视之为吉祥装饰品或心灵寄托，这无可非议，只要能让你心灵欢喜就是好事，但是我们在内心欢喜的同时，要明了佛像的意义，从内心真正得到提升的大欢喜。

据印光、净空法师所言：释迦牟尼佛代表仁慈清净，观世音菩萨代表大慈大悲，大慈大悲就是无条件爱护一切众生。看到观世音菩萨像，就要想到我要向观世音菩萨学习，以无条件的爱心

帮助一切众生。若能如是用心效法，自己就是观世音菩萨。

地藏王菩萨代表孝亲，感恩。“地”是大地，“藏”是宝藏。我们生活在地球上，不能离开大地，我们食衣住行都要靠大地来供养。大地生长五谷杂粮等，供养我们所日常生活所需；地下埋藏金银珠宝这些资源，提供我们物质资具。所以我们要有心地，用无量的智慧、无量的德能、无量的相好，需要去实用一切资源。文殊菩萨代表智慧，我们要求智慧。普贤菩萨代表实行。

弥勒佛

我们要把释迦的仁慈清净，观音的慈悲，地藏的孝敬，文殊的智慧，落实在自己日常生活、工作、处事待人接物上，这就是普贤。弥勒菩萨代表欢喜心，佛法讲平等、慈悲，生平等心，成呈喜悦相。我们处事待人接物心要平，色要端庄、欢喜，这是教我们如何与大众相处。全是表法。所以，供奉佛像功德很大，意义在此。可见佛法无论哪一种的形像，都是启发人真实智能，帮助人转迷为悟。进而挽救精神的萎靡，道德上的堕落，使我们心灵得到升华。安放佛像，让我们享受到佛光普照，从佛像中我们获得心灵的寄托。这也可能是敬佛礼佛的真实意义。

办公风水在挑选佛像时，要注意口业，要说请，不要说买，应挑按照传统尺度比例而造或画的形相，而且要选令自己心中油然生欢喜心的，这样会对以后自己日常观看时很有益处。不应说像“这个佛很丑！”“这个佛哪值这么多钱呀？”等这一类的话。也不请了佛像后应用黄绸布或红布包裹，恭敬捧在手送回家。

请回了佛像，如何供养佛像呢？佛坛、神位设计原则是要庄重，严肃，具有灵气的地方。对于佛像一般有专业的佛坛、神桌来供奉为最好。佛像请回家后不管是否供在佛坛、神桌或书桌、书橱上，首先应该剪一张红纸（红色避邪）（7寸直径）垫于佛座下，以示吉祥。佛坛、神台上不要供奉太多规格不一的佛像或神像，忌佛像与其它神祇一起供奉。比方很多商铺饭店都把观音与其它神如关帝放在一起来供奉，其实这并不妥当。这是因为：一是在饭店内供奉观音像是很不适宜的，因为观音清净无暇，并且戒荤腥。观音吃素守斋，只宜用鲜花及水果供奉，因此倘若与其它神像放在一起，那么其它神像亦不可用三牲拜祭了。二是观音是大慈大悲神，清净无暇戒荤腥，慈悲为怀，戒杀生，而关帝则是嫉恶如仇，驱耶辟恶，诛罚叛逆，庇护商贾，招财进宝，故此把两者摆放在一起供奉，确是格格不入。三是关帝宜向大门，这是因为关帝是武财神，龙眉凤眼，手执青龙偃月刀，不单威武非凡，而且正气凛然，故此一般商铺大多奉为镇店之神。若是正对大门便有看守门户的作用。但观音不需如此。观音最宜“坐西向东”。

佛像在商业办公环境中，有几条基本的安放原则如下：

1. 神位宜安置在办公室的吉方才能得福。

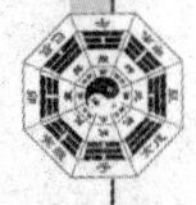

2. 神位宜向屋前或左右为好，忌背向而坐，面朝屋里。

3. 神位宜背靠墙壁。诸佛、神像后面必须有固定的墙作为靠山，供桌的前后左右空间要相当，对于神佛除要常燃香外，也要常供香花水果，表示礼敬。

4．神位忌安置在梁的下方。造成诸神佛被横梁压迫的现象，如果有这种现象，可以利用天花板加以处理，便无大碍。

5．不可设在大门进口或房间进门的两侧墙上。因为进出信道，人来人往，开门关门的动，不但气流混杂，对诸神佛不敬重。

6．佛像不可放在厕所及储藏室外墙，或正面对厕所门口的地方，也要避开。这地方污秽不洁亵渎神明，厕所有水，与火相对，产生克害，对公司人员有不利影响，容易引起口舌是非争论等。

7．“敬神如神在”佛堂、神位最重要是“清静”，即要在清洁安静的地方，可以设置在面对大门的对面墙上。神位对着大门，开门见佛，心生欢喜，当然有利人际关系，积极向上，有益事业发展和财源广进了。

8．设置时方位要选择在火土相生或木火相生的地方，因香火五行属火，总是以生火或火生土的卦位较理想，避免火金、水火相克的位置，通常除非五行有转化，否则比较少安置乾（西北方）兑（西方）两个卦位上。

供养佛像有礼仪，对诸佛供养，供品可以是任何美好的物品，种类繁多，不胜枚举。一般来说，我们可以供上水、花、燃香、明灯香及食品。它们各有其吉祥的表义。香表什么？香表信香，表戒定慧，戒香、定香、慧香，香能够悦人身心。水表什么？水表我们的心，看到水，要像水一样清净没有污染，像水一样平等不起波浪。供花，花代表因，开花之后就结果，花好果就好，花好是种善因，你将来就得善果。供灯烛，灯烛表燃烧自己，照耀别人。

办公环境中的财神放置

在中国传统文化中，财神是掌管天下财富的神灵，倘若得到他的保佑眷顾，肯定财源广进，家肥屋阔。因此很多人为求取财

富，往往会摆放财神像在家里，尤其是做生意的老板，更是深信不疑，希望求取好兆头，朝夕上香供奉。但很多人有同一个疑问，便是在中国流传的财神有很多种类，到底哪一种才适合自己摆放或是供奉呢？那一种更适合在办公的商务场所供奉呢？

别急，听我说，民间流传的财神虽然很多，但大致可分为文财神和武财神两种。一般担任文职的，以及受雇打工的人均宜摆放或供奉文财神；至于那些经商做老板，以及当兵当差从事武职的人，则应该摆放或供奉武财神。

文财神

文财神

文财神有财帛星君、福禄寿三星、公正无私的比干丞相以及生财有道的智慧财神范蠡、沈万三。一般来说尚文的人敬奉文财神，以及受雇打工的人比较适宜摆放。文财神的摆放应面向自己屋内。

财帛星君：他的外形很富态，是一个面白长髭的长者，身穿锦衣系玉带，左手捧着一只金元宝，右手拿着上写“招财进宝”的卷轴，面似富家翁。相传他是天上的太白金星，属于金神，他在天上的职衔是“都天致富财帛星君”，专管天下的金银财帛。所以，很多求财的人，对他都非常尊敬，有些甚至日夜上香供奉。

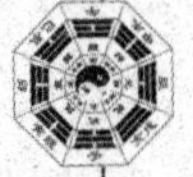

福禄寿三星：“福星”手抱小儿，象征有子万事足的福气。“禄星”身穿华贵朝服，手抱玉如意，象征加官进爵，增财添禄。

"寿星"手捧寿桃，面露幸福祥和的笑容，象征安康长寿。福禄寿三星中，本来只有"禄星"才是财神，但因为三星通常是三位一体，故此福、寿二星也被人一起视为财神供奉了。倘若把福、禄、寿三星摆放在财位内，有这三星拱照，满堂吉庆，撇开风水不谈，单是视觉上及心理上也会觉得十分舒服的。

文财神比干：传说比干为商朝忠，天帝怜其忠贞，因无心而不偏私，姜子牙封他为"财神"。又因为比干是一位文臣，所以也被称为文财神。

智慧财神范蠡：一生艰苦创业，积金数万；善于经营，善于理财，又能广散钱财，所以称其为文财神就理所当然了。

武财神

武财神有二位，一位是黑口黑面的赵公明，一位是红面长髯的关公。

1. **赵公明：**又名赵玄，是一位威风凛凛的猛将，赵公明这位武财神，民间相传他能够伏妖降魔，而且又可招财利市，迎祥纳福，所以北方很多商户均喜欢把它供奉在店铺中，而在南方的商户则大多供奉关公。

2. **关公：**关公原名关羽，字云长，是三国时蜀汉的大将，勇猛过人，义薄云天。因为他素重情义，秉性忠直，名垂青史关公是正义与正气的化身，最善制煞镇妖除鬼魅克小人。明神宗时，曾被敕封为"三界伏魔大帝神威远震天尊关圣帝君"。在我国南方，以至港、澳、台地区和海外最多见的“财神爷”即是关羽，“关帝庙”往往成为华人聚居地和生活区的一个重要标志。关公最讲“忠、义、信、智、仁、勇”，而这几个字正是生意人所需要的生财之道。忠，就是忠诚；义，就是讲义气；信，就是守信用；智，就是有智慧；仁，就是仁义；勇，就是勇敢。也正是有了这六个字，关云长所以才能所向披靡，也正是这六个字，关公才赢得后世的敬仰，认为他不但忠勇感人，而且能招财进宝，护财避邪。

有一点必须注意，摆放文财神以及武财神的方向有异，必须分清楚！满面祥和的文财神，不论是财帛星君、比干、范蠡或是福禄寿三星均应向着自己屋内，而不应向着屋外。否则便会向屋外送财！至于威风凛凛的武财神则应面向屋外，或是面向大门，这样一方面既可招财入屋，同时又可镇守门户，不让外邪入侵。

催财催运风水中的植物使用

在公司与办公室内是个工作状态的空间，办公室需要创造一个能够支持并且激发创造力的工作环境，所以设置一个充满绿意的生态办公空间很重要。有了植物，就有了生机之气，就能调节生态。植物可吸收过滤空气中有害物质，降低粉尘，清除噪音，涵蓄水份，并且可以阻档化解外煞，则此绿化植物对办公空间和办公人员都十分有益。外摆放风水植物，其意义和作用是多方面的。那么办公室风水植物要怎么摆放呢？其实办公室风水植物的摆放是很有讲究的，办公室风水植物的朝向以及办公室风水植物本身的选择都有很多门道的。

植物与花卉不仅仅只有观赏价值，而且有灵性、有生命，它们亦象征着生命与心灵的繁荣与滋长，并且能够降低压力、提供自然屏障、免受空气与噪音的污染，其构成的生物场对人类的精神、情绪、身体健康、长寿等均有十分重要的影响。植物所产生的

气场会产生非常大的作用，它能影响办公室的能量与方向，它亦可帮助大气回复平衡状态。

人们在办公室装修时讲究美观的较多，而经常对装修带来的室内空气污染问题，未加以充分警惕。其实现代办公室内污染害人不浅，因为装修所用的材料如密度板、胶合板、刨花板、复合地板、大芯扳及现代的各种办公家具等，很大部分都是用化学合成的，这些物质可逐渐释放出有毒气体，如甲醛、苯、放射性气体等，可以很长一段时间挥之不去。这些污染对人的危害是最直接的，它与噪音、辐射等对人的危害相比更为恶劣。长期工作生活在这种环境中，人会处于亚健康状态，主要表现是情绪低落、紧张不安、心情烦燥、忧郁焦虑、疲劳困乏、精力分散、胸闷气短、失眠多梦、腰背酸痛等，后果非常严重。解决这种污染，除了注意通风之外，最方便实用有效的方法，是放置适当的植物。如龙舌兰就能很好的吸除苯、甲醛、尼古丁等等。

被视为吉祥催财的植物

桔："桔"与"吉"谐音，盆栽柑桔便成为人们春节时家庭的摆设。

吉祥草：小巧，终年青翠，泥中水中均易生长，象征着"吉祥如意"，也叫瑞草。

椿树：易长而长寿，有的地方盛行摸椿风俗。

除夕晚上，小孩都要摸椿树，而且还要绕着转几圈，祈求快快长高；有的地方在正月初一早上，小孩抱着椿树念"椿树椿树你为王，你长粗我长长"。

槐树：被认为代表"禄"，古代朝廷种三槐九棘，公卿大夫坐于其下，面对三槐者为三公，后来世人便于庭院植槐。

灵芝：自古视为祥兆，吉祥图常见鹿口或鹤嘴衔灵芝，用作祝寿礼品。

梅花：其五片花瓣被认为是五个吉祥神，于是有了“梅开五福”图。

被认为有镇妖祛邪作用的植物

桃树：千门万户曈曈日，总把新桃换旧符。传为五行之精，能制百鬼，故而过年以桃符悬门上。

柳树：柳为星名，二十八宿之一，柳树亦有驱邪作用，同桃树的作用一样，以柳条插于门户可以驱邪。

菖蒲、艾叶：端午节菖蒲、艾叶用菖蒲、艾叶挂在门旁。艾的颜色古时用作对老年人的尊称，而艾叶加工后可用作灸法治病燃料，或用艾做成“艾虎”带在身上，能起到驱毒辟邪的作用。

银杏树：银杏树龄长达千余年，因在夜间开花，人不得见，传为有阴灵，故而术家的符印，罗盘要用银杏木刻制。

柏树：刚直不阿，被尊为百木之长，传能驱妖孽，坟墓旁多种植柏树。

茱萸：“常在异乡为异客，每逢佳节倍思亲。遥知兄弟登高处，遍插茱萸少一人。”王维在这首诗中为什么要“遍插茱萸”呢？原来风水学中认为茱萸是一种吉祥物，在重阳节登高时佩戴，认为可避灾祸。

无患子：尤为受到尊崇。这种落叶乔木，五六月间开白花，结实如楷杷稍大，生青熟黄，内有一核，坚梗如株，俗名鬼见愁，佛教称为菩提子，用以串联作念珠，有它“无患”。

葫芦：八仙之一的张果老为什么用“宝葫芦”装酒？原来在风水术中，葫芦被认为是能驱邪的植物，古人常种植在房前屋后。现代物理测试证明“宝葫芦”形状的器皿能屏蔽各种波和辐射的干扰。张果老用“宝葫芦”装酒，除了能驱邪外，还因为“宝葫芦”能保存酒的味道不变。

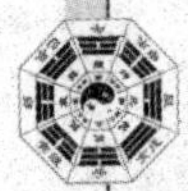

被视为凶兆的植物

桉树：这种可长到二十多层楼房高的树中“巨人”，中青年人是不敢栽种的，据说树大人必亡；要植此树只得请老人，反正等到树大时，植树者寿数也差不多了。

风水树：在南方，有的村子附近保留着一小块青葱林木，多是樟、松、柏、楠等长青树。作为观光者，可千万别去碰它们。因为这就是风水树，也叫水口树，别看只是一小块青葱林木，它可关系着全村的风水命脉，当地人也都不敢去动那里的一草一木，害怕破坏本村的风水。

被视为招财的植物

招财方法很多种，最普通用鱼缸，植物，灯光，金钱等来作道具。其意义都是在“生”和“引”。“生”者即是用有生命或有生气的物质来增加财富：“引”者即是用热能或实质的钱币来作引财。只要在家中找出财位所在，然后把财位的位置清洁，再放一盆有生气的植物，这样就可以达到招财的效应。

风水布局中招财的植物的使用标准：

植物不可以是攀爬类。

植物最好是常绿植物。

叶的形状最好是圆大，不要尖、细或长形。

植物的叶形，通常是采用圆大而绿色，是取其圆满丰大和常绿的意思。如万年青。至于外间有所谓富贵竹，只是取其名，而没有甚幺特别的意义。

催财植物的五行生克

金：属于黄色系的花卉，并必须搭配金属花器与配件，其中以发财树、万两金、金钱树、水仙、黄橘最为推荐。

木：绿色植物皆属之，而且要选择种子植物，喻”发”之意。

水：水耕栽培的植物为代表，搭配使用兰色或透明玻璃的花器，开运竹、万年青等。

火：会开花或是会结果的植物，选用红色花会及花器，如火鹤花、胡蝶兰、凤仙花都非常适合。

土：室内耐阴的植栽，应使用黑色花器或镶有宝石的花器，如绿宝石、仙人掌都可栽种。

暗合命卦的植物摆放

植物放置在东方：东方代表着拥有家庭与健康，在五行中属木行。

将植物放置在东南方，代表着拥有财富与成功，在五行中属木行。

将植物放置在南方，代表着拥有声誉与学识，在五行中属火行。

将植物放置在北方，代表着拥有事业，在五行中属水行。然而，因为木行会破坏中心，且与金行相克，所以应避免。

将植物放在西南、东北以及中间位置，当然，也要避免放到金行的方位——西方与西北方。

花卉催旺招财法

花卉是吸取阳光所形成之精华，也是植物生命过程中重要的一环，就像人最有朝气活力的黄金时期，所以代表着荣华富贵；且花卉及种子在五行上是属”金”，就因为阳气金气很旺盛，故鬼怪及秽气不敢接近。

旺文花卉：桂花为文昌神，木兰花朵似毛笔又称木笔文昌花，孔子最喜欢黄莲木，而鸡冠花、菊花代表登科中举等等寓意，所以花卉自古就连结着”功名利禄”、中举而升大官的美意。因此中

国人相信，拿花去拜孔夫子与文昌神，则考试必中，拿花去献佛，则子孙受人疼惜有人缘，家中插花或多种花，则读书得第一。

喜庆花卉：结婚有新娘花、头戴春仔花，红喜好彩头；芙蓉花可助丈夫荣华富贵；嫁妆用含笑花、含笑子，连生贵子。也就是说，花卉连结着旺气、功名利禄、喜事，是人神都爱的吉祥象征，所以想要抢气、强运的人，家中绝对少不了花。

室内开运花卉：在室内养花，可增添福气。选择开运花卉种类时，以当季盛产的花卉最有能量、气最强；具有吉祥寓意的花卉能博得好兆头；有香味的花卉则能”招来神仙、喜气财神”，让家中充满温馨舒适的香氛。

办公环境中常用的植物催财法

办公室适宜摆放的植物种类很多。一般来说，品相方面应该选择枝叶茂盛的植物，四季常青的植物为上，颜色以常绿常青为上选，有花朵的亦可，这些植物生机勃勃，使人感激活力充盈、工作顺心，精神振奋。例如铁树、发财树、黄金葛、吊兰、芦荟、绿帝黄、龙舌兰、绿罗等等。而有刺的植物如仙人掌类及玫瑰等，一般少放，或放在特定的位置上。但是办公室内空间有限，因此放置植物不是多多益善，因地制宜，和谐美观为妙。因此植物布置有以下五要素：

一：要注意植物与空间的协调性。植物的色彩和姿态必须和空间取得协调，让人观感舒服，创造温馨、充满生气勃勃的祥和高效的办公环境。

二：办公环境的植物宜方便布置，常绿常青为主，而不必介意植物品种，关键是种些容易生长，并且能令视觉愉悦的生旺植物。

三：办公环境植物位置正确摆放。普遍来说，办公空间的重点都在办公室的财位上，即办公大门的对角线位置，或流年生旺

之处，在此摆放有吉祥意味的植物，除美化环境，还能起到催财招福作用。而有刺的植物，如仙人掌、龙骨，玉麒麟等，只适宜放在花槽、露台等室外的地方，并且对面存在尖角的物体，如墙角尖射之类的外煞，则才有化解之用。这些植物，在公司内部就不宜摆放，否则会形成内煞。不宜摆放一些爬藤类的植物，否则会导致内部人员矛盾。

四：明辨真假植物，假植物没有生命，对于室内的风水影响不大。而在办公风水布局里，最好不使用干花，因为其象征死亡与没落，没有永恒这一说。

五：及时打理，办公室摆放着郁郁慧葱、生机盎然的花草盆栽，除可以愉悦视觉感官，更重贾的是，会在这个相对独立的空间里，形成一个充满生气的气场，从而促进公司的财运态势，无形中为公司增旺催财。但是办公植物不要认为布置了便可坐收其利，如发现花枝枯萎时，应尽快修剪、及时打理，否则会导致工作上阻滞重重，运气不顺。

总之. 植物的功用很大，可以治病防煞，“可以调心养性，旺宅旺人。但是，如果办公空内绿化布局不当，选取植物品种不对，也会给工作事业带来诸多不良后果，只有在合理利用的情况下，摆放植物，绿化室内环境，增加生气，令吉者更吉，凶者反凶为吉。

办公风水中五大化煞物

客观环境上来说，办公室风水由外气、内气两部分组成，办公室风水调整要体现以人为本的原则，达到人与自然的和谐相处，与环境为我所用的目的。但事与人违，不可能面面俱到，每一个方面都满意。我们一般遵循的原则为大煞避之，中煞化之，小煞不顾的原则。下面我们讲一下常见的几种化煞物。

龙的摆设

龙为我国古代传说中的灵异神物，万兽之首，能飞天，能入水，能大能小，能隐能现，能翻江倒海，吞风吐雾，兴云降雨。能招财，能化煞。

龙在中国人的心目中，不仅象征威仪，更是富贵吉祥的象征。很多人喜欢在办公室中摆放一些龙的装饰品，借此增加祥瑞之气。中国古代的四灵中，龙能变化；凤能治乱；龟兆吉凶；麟性仁厚。由于龙有着其独特的神性变化，故位居中国四灵之首。而在风水学方面，龙更有生旺气及制煞之效。

中华祥龙

龙若能与水配合，便会显得格外生猛。若想在办公室中摆放龙形的装饰品，则只宜摆放于近水之处。例如可以把龙的装饰品放在鱼缸的顶部，又或可放在鱼缸两旁，便可收生旺之效。

摆放龙饰物时，龙头宜面向大海或河流，不过，如果房屋距离大海或河流太远，便难以吸取其中旺气，只有望洋轻叹了。若有上述情况，可以在窗口或露台的栏杆上，摆放一对灰色或黑色的石龙，龙头向着海洋或河流，这样便有如双龙出海似的可收到生旺之效。

若屋内及屋外均无水，则可将龙形的装饰品摆放在北方位置，因为北方属水气当旺的方位，对于喜水的龙是十分适合的。此外，如用龙的图画作为装饰，最好是用金色的镜框来镶裱，如能将之挂于北方的位置则更有锦上添花之妙。龙的颜色最好能配合个人的命格五行需要。例如命格五行需要金的，可摆放金属龙；需要木的，可摆放青色龙或碧玉龙；需要水的，可摆放灰色或黑色石龙；需要火的，可摆放红色龙或寿山石龙；需要土的，可摆放黄色龙或石龙。摆放龙饰物的数目，适宜是一条、两条或九条。若是画中龙有九条，则应有一条在中央为主角，否则就是群龙无首。

狮的摆设

镇宅金狮

狮子，瑞兽一种，百兽之王，勇不可挡，威震四方，不但可以避邪，且可带来祥瑞之气，能解除多种形煞，亦加强官威，增加阳气，如果窗口见到不利之冲克，可放一对石狮面向口可化煞，且有生权之意。

凡是以口维生之行业，如律师、艺员等，可在办公室内摆放一对声威，有助于生财。

但摆放狮子有讲究，不能随意乱放。狮子宜配搭成双，摆放狮子宜一雌一雄搭配成双为宜。而且一定要分清雌雄，左右不可倒置，在摆放时狮子只要相互照顾，便不会摆错。倘若其中有一只破裂，便应立刻更换一对全新的狮子，切勿把剩余的一只留在原处。

狮头必须向屋外：狮很凶猛，煞气较重，风水布局用来阻止邪魔鬼怪入屋，因此狮头宜向屋外。若是摆在窗口，狮头亦一定要向着窗外。

狮头大门可挡煞，狮子多用来化解屋外的凶煞，故此若不能在大门摆放石狮来坐镇，那便可在大门上加上一金属狮头门环，那亦可起到挡煞之效。

龟的摆放

吉祥龙龟

在中国吉祥风水环境中，对家宅和工作环境化煞的吉祥物很多，用龟来化煞也是达到好风水的主要手段之一。龟在吉祥四灵“龙、凤、龟、麟”中占有很重要的地位，很多人喜欢在家中饲养乌龟和摆放铜龟或石龟。龟与龙一样，均属吉祥的“四圣”之一，又是长寿的象征。龟虽行动缓慢，但它却能忍辱负，在遇到危险时，便会把头尾及四肢缩入坚厚的龟壳内，这样就是再凶猛的敌人也对它无可何，因此最终能度过难关。所以在遇到一些很特殊的形煞时，风水师会用龟来化解，以柔克，这样才符合风水学“凶煞宜化不宜斗”的原则。

活龟同样有化煞的功效。倘若在那些受尖角冲射之处，摆放玻璃缸或瓦盆，内贮清水并饲养活龟，中国龟或是巴西龟均可，这样既可美化室内环境，同时亦可收到化煞之效。

化煞吉祥物中的龟类饰品很多，有木龟、石龟、瓦龟及铜龟等，除此之外还有一种龟叫“龙龟”，传说龙生九子，龙龟排行第一，在化煞方面既有龙的威武刚强，亦有龟的忍辱负重，是化煞的最佳物品。其形状与龟没有大分别，但龟身龙头，实际上是龙的品种。在屋内悬挂龟壳或龙龟等物品，只要对准冲射而来的尖角，便可收化解之效。凡是用以化煞的动物，若有伤亡，便要立即替补。

马的摆放

马在风水学上有生旺、马到功成、捷足先登、升迁、移民之功效。马用来化煞的力量很小，这主要是因为它既不像狮子和龙这样威猛，而又不像龟那样懂得躲避危险，因此缺乏化煞的功效。

幸而马有生旺的作用，因而便有人把马的塑像摆放在旺位，希望收到捷足先登，马到成功之效。风水布局上一般把马放在驿马方位。马应该摆放在南方以及西北方。摆放在南方的原因，是因为马在十二地支中属午，而“午宫”是在南方，在那里摆放，甚为适得正位。此外，西北方亦适宜摆放马的塑像，原因是中国的马匹大多产自西北的新疆和蒙古，而那里的草原正

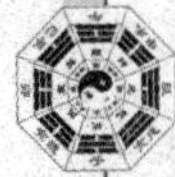

是骏马驰骋纵横之所。又暗合寅午戌三合位。因此马匹的塑像摆放在西北方，可说是得其所哉。

若想在短期内对事业及财运有帮助，那便要摆放在当旺的财位上。一般来说，摆放马匹的数目，以二、三、六、八、九匹较为适宜，而其中尤以六匹最为吉利。因为“六”与“禄”同音，因此六匹马一起奔驰，便有“禄马交驰”的好兆头，但摆放五匹马为最忌之数。俗语为“五马分尸”之忌。

在风水摆设上，马虽然有生旺的作用，可惜对生肖属鼠的人有所冲克。故此属鼠的人不宜在屋内摆放马的塑像，或是悬挂马的图画。对于那些生肖属虎、狗、猪的人来说，摆放马匹是会对他们特别有利。

公鸡的摆放

自古以来，民间百姓家里喜欢摆放木雕或者玉雕公鸡，谓之金鸡报晓，寓意吉祥向上，光明的日子马上就会到来。然而很多人却不知道公鸡在风水上的作用及其摆放位置，其实这是有很大讲究的。

一、公鸡十二生肖为酉，为金星，在飞星中为七赤金星，家中若有人犯桃花，必与四绿星巽卦有关。故用风水铜鸡来克制桃花是最合理的。若在办公室内受无端的桃花事件，或经常莫名奇妙惹上烂桃花，让其苦恼不已，可摆放一只铜公鸡，来化解。

二、公鸡化解蜈蚣煞。倘公司或办公地向着屋外的水渠，或是电灯柱，会导致因肠胃不适而致疾病缠身，可在窗口摆放一只铜器公鸡，鸡嘴对正这尖形煞即可。

三、公鸡最重要的化煞作用是，防止小人陷害捣乱。小人在风水上往往被称为虫子，公鸡是吃虫子的，又因为公鸡处在四正之位，力量是无穷的，还可以正对着探头山或小人砂来摆放化解。

四、五行缺金补充作用。对于五行缺金或者喜用神为金的人，应摆放一只铜鸡可起到很好的补充五行效果。易安居老师经常以铜鸡给客户补充八字缺金的情况，然而对于生肖属兔的人，摆放公鸡并不适宜。

另外，摆放公鸡化煞时还需要注意，就事论事，鸡嘴必须对正才有好效果，命理相补时，千万不要对主人。

风水常用吉祥物使用指南

麒麟：

古代的仁兽，集龙头、鹿角、狮眼、虎背、熊腰、蛇鳞、马蹄、猪尾于一身，乃吉祥之宝，能够消灾解难，驱除邪魔，镇宅避煞，催财升官。

使用：催财可放一对于财方，化解三煞可放三只于三煞方，放时头向门外或窗外。

铜金鸡：

针对偏桃花，例如坏女人或令你讨厌的性骚扰。此法器宜放在大门对冲之处，例如屏风式摆设架上，可禁绝外来桃花影响。

使用：若怀疑配偶有婚外情，可将之放在配偶的衣柜内，要用一对，放在衣柜暗角，左右各一。

狮子：

瑞兽一种，能解除多种形煞，亦加强官威或屋主之阳气。

使用：如果窗口见到不利之冲克，可放一对石狮面向窗口可化煞，且有生权之意。凡是以口维生之行业，如律师、艺员等，可在办公室内摆放一对振声威，有助于生财。针对不同位置放不同质量的狮子。

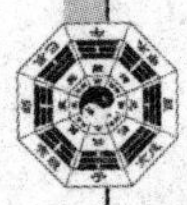

铜大象：

大象善于吸水，水为财，凡家居大窗见明水或暗水的，均称之为“明堂聚水”属于风水上的聚财格。

使用：若摆放一只铜大象在家中，则大财小财均为己所纳。象之禀性驯良，放在家中吉祥如意，如将之放在室内财最盛的地方，则全家人受惠。

五帝钱：

是指清朝顺治、康熙、雍正、干隆、嘉庆五个皇帝的铜钱，可挡煞、避邪。

使用：把五帝钱放在门槛内，可挡尖角冲射、飞刃煞、枪煞、反弓煞、开口煞；放在身上可以避邪，不被邪灵骚扰，或用红包袋包装着，或用绳穿着挂在颈上，可增加自己的运气，颜色可用喜用神的颜色。

龙龟：

瑞兽一种，主吉祥招财，化三煞。龙龟放在财位可催财，放在三煞位或水气较重之地最有效，风水学有云：“要快发，斗三煞”。

使用：水气重之风水位主是非口舌，龙龟在位能化口舌兼加强人缘，有部份龙龟法器之背部是活动的，可将之掀起，放入茶叶及米粒，可加强其效应。

葫芦：

此法器为玄学界最常用之用具，具有神奇的化病灾、身体强壮、利医卜者之功效。

使用：若家中有久病之人，不妨挂三只木葫芦或放三只在床头，男女均可选用。位置以天医、延年、生气方为佳，尤以天医方最佳。凡家中有病人、小孩、老人更应选用。此物亦可化煞挡灾，用途广泛。

金蟾：

三只脚，身背北斗七星，嘴衔两串铜钱，头顶太极两仪，长

30公分以上的大金蟾脚踏元宝山、写有“招财进宝、一本万利、二人同心、三元及第、四季平安、五谷丰登、六合同春、七子团圆、八仙上寿、九世同居、十全富贵、干隆通宝、宣统通宝”等等的铜钱。

使用：旺财之上佳用具，不要摆错方向，一定要让金蟾口中的钱向着自己。

铜羊：

其性质为祛病减灾及增加偏财，因羊取“赢”之意，有利赌运。

使用：家中有长期病患者或旧患绵缠不去者，可将此物摆放在床头，左右各一只。此物还可化解工作不如意，减除小人口舌。羊属和平之物，摆在工作台上效应甚强。

貔貅：

是古代瑞兽，有独角、双角之形，短翼、卷尾、鬃须，是最强之催财风水用具，尤对偏行有奇效，例如外汇、股票、金融、彩马、期货、赌场等等。貔貅乃是风水镇宅、转祸为祥之神兽。

使用：貔貅最擅化解五黄煞、天斩煞、穿心煞、镰刀煞、屋角煞、刀煞、白虎煞、阴气煞（如坟场、庙宇、闹鬼地方）、二黑病符星。貔貅具辟邪、挡煞、催财三大功用。

八卦镜：

其性质为摭挡户外不良之建筑形状。

使用：用法是放在屋外，忌放在室内照人，因为此物只能对外，不论任何形煞皆可化解，但不宜挂太多，一个方位只能挂一个，全屋不能超过三个，否则必会自伤，不吉反凶。

八卦凸镜：

此法器与平光镜有所不同。

使用：如果发现窗外或对面有化煞工具对着本宅，则可摆放此法器，将对方法器反射，送回家中，不致受到对方影响。此镜亦放在室外，不可照人及放在门前，否则不吉反凶。

铜风铃：

专制五黄煞。凡流年五黄飞到的大门、房门，宜挂铜风铃消除。

使用：因五黄煞属土，故挂属金的铜风铃可泄土气，风铃的摆动可加强金气。

龙：

瑞兽，生旺化煞，强青龙，吸财气。

使用：龙形吉祥物可化解口舌是非。

横刀关公：

镇宅、化煞、旺财。

使用：宜摆放在向着大门的方向，旺财化煞。

福禄寿三仙：

财、官、禄，旺上加旺，步步高升。

使用：宜摆放在本命生气位上。

寿星麻姑：

寿星就是南极仙翁，相貌慈祥，面带笑容，长髯，一手拄着拐杖，一手托着仙桃，是长寿之神。麻姑也是一位仙人，相传麻姑曾见东海三次变为桑田。

使用：一般来说，为男性老人祝寿，宜选用寿星造型。为女性老人祝寿，宜选用麻姑造型。

寿桃：

传说天上王母娘娘的花园里种的仙桃，三千年开一次花，三千年结一次果，吃一枚可以增寿。

使用：人们将桃称为寿桃，很多吉祥物的造型图案将蝙蝠与桃放在一起，这表示福寿双全的意思。

仙鹤、龟：

仙鹤是羽族之长，又称一品鸟，是长寿的动物，又有仙禽

之称。

使用：鹤寿，鹤龄，是常用的祝寿词。龟的寿命也是很长的，龟龄鹤寿常放在一起使用。

葫芦：

在人类文化史上，有过葫芦的崇拜时期。此法器为玄学界最常用之用具，具有神奇的化病灾、身体强壮、利医卜者之功效。

使用：若家中有久病之人，不妨挂三只木葫芦或放三只在床头，男女均可选用。位置以天医、延年、生气方为佳，尤以天医方最佳。葫芦化病人所共之，葫芦亦可加强夫妻情分，若夫妻缘薄可摆放一只在床头，增加夫妻恩爱。凡家中有病人、小孩、老人更应选用。

五宝兽：

一般来说，五宝是指老虎，蟾蜍，蜈蚣，蝎子和蛇。也称五毒。

使用：其作用是除恶疾，保平安，避除邪气，招贵人。

文昌塔：使用的助学工具，对于学习成绩不好，可在适当的位置摆放一个，相信会有起色。另外，文昌塔还利文职。

三元及第：

将三个元宝摆放在一起，上面一个，下面两个承托，叫三元及第。

文昌帝君、魁星：如果还想进一步的话，可在家中供奉文昌帝君或魁斗星君，此二神皆管文章。据说，古代书院内就供奉着文昌帝君。

玉蝉：

蝉代表清纯，亦指蝉联，古人曾以蝉代表第一。

富贵吉祥物品

牡丹：

牡丹代表着富贵，拥有国色天香的称号，因此是富贵的象征。

如意：

如意是一支弯曲的法器，意义就是如愿以偿的意思。福禄寿三星中的禄星就受执如意。材质不同。

山水画：

风水上说，山管人丁，水管财。因此挂山水画是非常吉利的。

使用：水代表财富；办公室摆设山水画时，就必须注意画中水流的方向不可以朝门口、屋外，而水流的方向最好是向内。另老鹰图绘不可挂在办公室，多口舌是非。老鹰图绘最好在办公室之白虎；方头也向外为吉。

麒麟：

麒麟是仁兽，麒麟跟添丁有关，是源出于麒麟送子的典故。相传，孔子出生时，有麒麟衔玉书来到他家。

石榴：

古人认为儿孙满堂为福，而石榴则有榴开百子的含义。

使用：现在社会喜欢财多的人胜过喜欢人丁，但是从求子的角度来说，不妨使用此类饰物。

鹿：

鹿禄同音，禄为官禄，因此对于公职人员来说，鹿也是吉祥物。

升官印：

古时候的官员，都有一颗玉印来代表自己的身份。

使用：对于现代的人来说，如果想要晋级，最好在身边放置一颗印章，尤其对于命理中身弱用印的人来说。这颗印不一定用，可以做的大一些。这种印一般都雕有瑞兽形象，就是为了加强功效。如麒麟印狮子印等。

貔貅：

貔貅也是一种瑞兽，性喜偏财。有的是独角兽，身上长鬃反卷，名叫天禄。有两角的成为辟邪。

使用：对于生意人来说，选择吉祥物，貔貅是一种选择。摆放貔貅要注意，头应向门或窗，因为貔貅喜食四方财。

古钱元宝：

这种古钱就是过去使用的钱币，大多是铜钱，可作旺财用。现在流行使用的是五帝铜钱，既清朝的顺治，康熙，雍正，干隆，嘉庆。这五个皇帝执政期间，乃清朝的旺盛时期，因此会增加旺气。又因为这些铜钱距今时间短，易于寻找。

使用：使用的方法是将五个铜钱串起来使用，叫五帝铜钱。除了旺财外，五帝铜钱还有化杀的作用。元宝也代表着钱财，亦属招财之物。

灵蟾吐钱：

三条腿的蛤蟆叫蟾，会吐金钱，给人们带来财运。此说跟刘海仙人有关。因为是旺财之物，所以造型也很丰富，材质使用也不相同。

使用：摆放时要特别注意，蟾的头要向屋内，不宜向门窗，否则所吐之钱皆吐到外面，就不能生财了。

水晶球：

水晶球在佛教来说，是修习大法的辅助法器。从风水的角度说，水晶球还有将能量扩大的作用。喜欢玉或水晶的人都知道，玉或水晶有天然的灵气。

使用：在家中摆放水晶球，可以催吉催财。另外，对于命理的所缺，可以选用不同颜色的水晶球来加强补助。

年年有余：

养鱼或挂相关的图画，主要来自民俗传统，鱼余谐音。只是这很有讲究，从鱼的颜色，数量，种类来说。

泰山石敢当：

这是民间最常用的化解煞气的物品。

使用：一般放于屋外的墙角，向着冲向房屋的路口。

八卦：

八卦图案有化解煞气，辟邪的功效。

使用：使用时向着煞位悬挂即可。

铜葫芦：

铜葫芦是化解土煞的良好工具。

使用：从风水上来说，使人运程呆滞及带来疾病的星曜，均可用此化解，再配合八卦，就成为八卦化煞葫芦，效果更佳。

风水剑：

风水剑种类繁多，七星剑、桃花剑，或者其它材质做成的剑，主要的功能是用来克制屋外的尖角、电线杆的煞气，以及避官司口舌。

使用：须注意风水剑并不需要开锋，甚至可说，不宜开锋，因为开了锋的剑锐利，容易伤人，钝剑不伤人，却仍然可以驱除阴灵。

八卦镜：

镜子的化煞功能实属一等一，走在大街小巷中，很容易可以发现悬挂在屋檐墙壁上的八卦镜。

使用：悬挂八卦镜有三点要留意：1、中午 12 点整悬挂；2、开光；3、反射出去的方向不可射到别人房屋，不可将自己居家的煞转向别人居家。

神佛图画：

很多人会请神佛的图画裱框回家供奉、祭拜，却不知须经过法师开光、请神佛附身在此图画上才行。因为据说不好的秽气，邪魔妖道及有可能附身神佛的形体上，破坏点香祭拜之人的运气。

盆栽植物：

扭转乾坤、带来好运的盆栽植物不少，金钱竹、马拉巴栗、兰花等等都是大家爱用的前几名。

当这些象征吉祥的盆栽植物花谢了、叶枯了，一定要马上更换一盆，才能继续聚气。同时有些植物阴气较重，例如藤蔓蕨类，家里面最好不要种植。

风铃：

风铃碰撞的声音，清脆响亮，加上造型可爱，吸引许多人喜爱。

风水上风铃是制煞的工具，尤其适合挂在大门入口处。但是绝对不要挂在小孩子的书房或主卧室，因为风铃的声音听久了会让人心浮气躁。

五帝钱与六帝钱：

首先我们要弄明白五帝钱与六帝钱。五帝钱是指清朝顺治、康熙、雍正、干隆、嘉庆五个皇帝的铜钱，六帝钱是顺治、康熙、雍正、干隆、嘉庆、道光五个皇帝的铜钱。

使用：把五帝钱放在门槛内，可挡尖角冲射、飞刃煞、枪煞、反弓煞、开口煞；放在身上可以避邪，不被邪灵骚扰，或用红包袋包装着，或用绳穿着挂在颈上，可增加自己的运气，颜色可用喜用神的颜色。六帝钱用处与上面一样，但它们的区别在于六帝钱可专化五黄煞、二黑煞，六为六白干，性质是金，五黄、二黑煞都是土旺，以土生金泄气化煞。其实六帝钱在实践中选择厚薄相当，大小基本一致的干隆钱为佳。

风水轮催财：

风水轮是港台和广东近期颇为流行的催财用品，它的物质装置以铜盆为主，然后中央做一条铜柱引到顶部当顶部的小兜盛满水后，便会流到下一层的小兜，如此类推最后有水便是流回在盆内，而又开始作一个循环。

雾化盆景催财：

它是一个盆栽，四周有水转着，中央才是山水草树盆景。而利用一些先进的科学仪器将水激射而引起雾气弥漫于盆景的四面八方，如果你伸手触摸，那些雾气会感到冷冷的，凉凉的，当然还有潮湿的感觉。

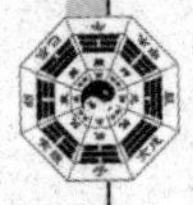

第六章
办公室风水文化杂谈

现代商务办公风水理论，是集商务运营环境中的自然生态和社会人文方面涉及到的理论，以及与自我调节和谐向上的艺术，它在本质上是一门研究吉凶，趋利避害的应用科学。本章节为部分专家的理论精汇，望能参考学习互补提高。

办公室商务风水体系结构

风水对商务办公方面的作用，主要体现在经营能够持续稳定，赢得财、利、名方面的大丰收，其体系包括：

一、经营运做所需的基本空间条件即商务定位，包括政策、法律、金融、物流、工商秩序、消费心理、市场环境等。

二、经营运做对于自然环境方面的择取因素，包括自然生态方面的一些因素，如地形、地势、方位、公用设施、相邻建筑的相互关系等等。

三、经营运做所需的社会人文生态因素，并且在运营中最大程度的催助商企经营管理效应。

办公室商务风水实战三境界

能够藏风聚气的好风水必须具备三个基本条件，一是环境位置好，二是建筑格局好，三是内部组合的气势好。《黄帝宅经》中说："夫宅者，乃是阴阳之枢纽，人伦之轨模。非夫博物明贤，无能悟斯道也。"所以选择一个旺财的办公环境时要目光如炬，仔细考察，精心判断现代商务办公风水的实用体系，凸现中国人财利名谋智慧，也就是说营造财富风水的必须具备如下观看、分析、感应三种境界。

境界一观看：通过对商铺或公司经营地，商务经营的内外部环境，和机构部门的空间布置情况，进行观察分析。

细节表现：这种观看，实际上是看风水的重要部分。大到城市区位、街道、河流、建筑外围，小到内部办公桌椅、器具以及盆花、绿植、的摆放，这是观看之下寻找一个旺财办公空间风水的基本功法。

境界二分析：这个环节就是针对现象的采集，结合目前的商务现象在收集之下的再分析。

细节表现：用个最形容的说法，眼、耳、鼻、舌、身、心都派上用场。用这么复杂吗？用眼看峦头形势，用耳听风声噪音，用鼻嗅气味腥秽，用舌尝水、土滋味，用身触受体验，用心来推算取舍，并根据其中的阴阳五行状态做出现实分析。

境界三感应：在高超的企业管理、经营者眼中，发现某处由位置和布局不当，而造成的不利商务经营的气场，可能就是造成企业危机或断送企业生命的导火索。

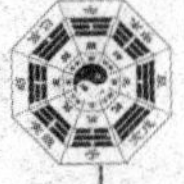

细节表现：结合眼下财富流行心理，针对自身企业的现象，以及企业宏观、细节的决策运营，大到不可意料，小到不经意，都会在高超的风水专家面前，成为他们进行实际操作的最好借鉴。

商务办公风水中的财富易断

现代财富易断中的商务办公风水，包含因人而宜的规划实施，结合自己的命理、属相、生辰八字和天干地支流年吉凶，在不同环境状态下的合理布局。

谋略一：在现代社会关系中的“财”所包含的内容

内容一：一家庭关系建立在彼此情投意合的基础上，这种简单的道理似乎人人皆知，但其中的情投意合又包涵着诸多的层面。它所涉及到实际生活中开门过日子，离不开一定的物质基础。因此，家庭成员在风水上所表现出来的缘分、命理，家中聚福纳财风水调节，早已是大多数家庭的普遍认同，不少家庭正是让这种风水纽带牵拽着，走进品质生活，体验享受和谐的快乐。

内容二：人生财富的获取，现代社会的价值观和财富的多寡，以及拥有程度相连。现代财富空间是由房子、车子，固定财产等等组成的基础。

内容三：由多物体构成的旺财风水，这些影响生活品质，影响现代人的生活事业，观念情绪，譬如，在旺财风水中，经过装饰装修的大门、客厅、卧室等所形成的磁场，达到人财两旺的目的。

经略二：风水中财富人生之树形结构中的五意象

意象一：树根，代表人的出生时空信息，即命理。人的出生和种子发芽道理基本一样，因受当时气候、环境、时空气场等诸多因素影响，如不及时移植、改其环境、基本决定了他一生的吉凶荣辱。树根在土中生长，受土所生，所以树根的五行为金。土生金之意。

意象二：树皮，代表阳宅环境，阳宅供人居住、办公。养护着人，就象树皮对干枝的养护；一棵树的营养水分主要是树皮供应，树皮含水分最多，直接受树根所生，所以树皮五行属水。

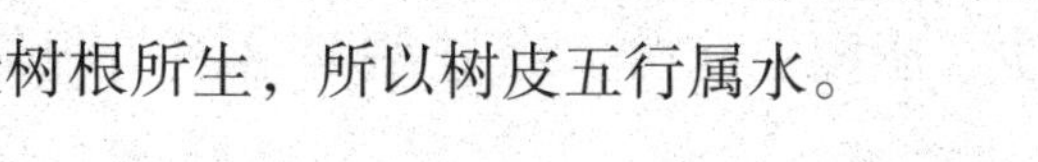

意象三：树干，树枝代表人为。人的一生成败，象树一样，早期容易移植、修整枝杈，在先天已定的情况下，如何规划设计人生，如何预测决策、把握时机，如何努力奋斗，则是一生的主体，所以树干及主要的枝叉就代表人为；一棵树的总体五行属木，又是其主干枝所体现出来的，又受树皮水所生，所以干枝五行属木。

意象四：树叶，花、果代表人名和名誉，名号数理吉凶正象树叶、花果一样，是否受人喜爱，要看他是否枝叶茂盛、花香宜人、硕果累累。雁过留声、人过留名，正是对人生的赞美。叶、花果在树的表面上面，正如火之炎上，人们又常说“花红似火”，所以叶花果五行属火。

意象五：叶落归根，凋落枯萎的叶花果与树根周围的土代表阴宅，叶落归根，人之死亡，正如叶花果之凋零，归于土地，叶花果化为土，所以凋落枯萎的叶花果五行属土。

风水中人生五意象与五行化合

五意象与五行化合之一：金生水，命理影响阳宅。人出生时的命理时空信息，影响着人一生对阳宅的选择，正如树皮营养水分从根而来

五意象与五行化合之二：水生木，阳宅影响人为的努力。包括处事人为的奋斗、后天的努力，正如树皮供给树干枝营养水分一样，实在是至关重要

五意象与五行化合之三：木生火，人为影响功名。干枝发达，则枝叶茂盛、花香宜人、硕果累累，自然招人喜爱！正如为人处事，积极乐观向上，发奋努力，精心策划，大胆拼闯，敢做敢当，则精神可嘉、功名易成。所以人为决定功名。

五意象与五行化合之四：火生土，功名影响阴宅。叶花果的多少、肥瘦、成分，在其枯萎落地与根周围的土一起供给树根营

养时，就对根产生影响；一个人功名大了，就想修整祖坟，甚至像秦始皇提前建好自己的陵墓。

五意象与五行化合之五：土生金，阴宅影响命理。阴宅也在默默地为后代输送着信息，影响着后代的人生轨迹。

成功的财富人生中五种影响命运的因素，实际上就是阴阳宅、命理、名子、个人后天努力五个方面。

活用风水，谋求旺财办公风水中的名利

随着生活水平的提高，人们对生活的空间环境越来越重视。办公环境的概念就成了现代时尚工作环境的一种主流。对于大多数人来说，办公室是日常生活中除了家之外，待的最久、活动最多的地方。因此，办公风水的概念已经延伸至商务的各个方面，如商铺或公司经营地选址、建筑设计、办公装饰乃至商铺或公司重要人员的办公位置等。

商务风水的设计不仅意味着让办公室的空间没有空气污染，同时还要通过对“天时”和“地利”等因素的利用，制造出“人和”的繁荣景象，以达到“财运亨通”的效果。在日常建筑设计中，有许多需要注意的细节，如大门、会议室、礼堂的装修布置等，甚至还包括办公桌、空调、装修装饰等，这些地方的风水好坏，对“人气”和“财运”等整体的状况有着决定性和关键性的影响。

我们如何来认识商务办公风水

商务办公风水之形态：商务办公风水实战应用领域主要体现在商铺或公司经营地办公楼、厂房、商场、酒店、写字楼、普通房地产和别墅豪宅风水等建筑形态。

商务办公风水之结果与意义：逢凶化吉，最大限度地化不利因素为有利因素，在有利因素下保持财利名的持续。在某种意义上，它也是当今企业现代管理与经营中的重要组成部分。

商务办公风水之影响：风水对人的影响，是无时无处不在，却又潜移默化、润物无声。理想的风水环境，可以蕴育、促进、充分发挥人的智力与创造力，可以使人始终保持高昂的精神状态。

商务办公风水之表现：风水中的气，实际上是一种内含宇宙能量的微波，它有多方面的功用。比如在医疗上可用于诊断和治疗，在食品工业上可消除新酒的辛辣味而使酒陈熟，在农业上可提高种子的发芽率，微波炉可以加热催熟食品。对物是如此，对人当然也有它造就、加工、提升人素质的功能。

商务办公活风水潜质：挖掘、提升员工素质潜力点。

商务办公风水对企业员工智力、体质、潜力、情绪、意志等均有积极的挖掘效应，而且会直接或间接的让员工，孕生新的素质潜力点，并在影响人的生物节律面前，作用于人体，通过微妙的能量变动和运行，潜移默化地影响到人的情绪、身体状况等各方面的变化。使人对客观现实的认知和分析更加符合实际，思路清晰，思维敏捷，事业当然就会一帆风顺，易于成功。这就是所谓好的风水环境影响人的机运的道理。

总之，趋吉避凶，是企业处于不断选择中的决策原则，而具有趋吉避凶意义的风水，成为商务办公环境创造财富的必要手段时，其目的总是尽量把风险、付出与代价降至最低，把效果、产出与收益放至最大。

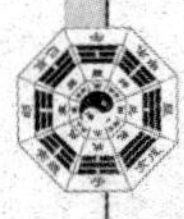

商务办公风水，首先体现在对于最佳时间的选择的灵动性，譬如动工与入住的时间，譬如开业的时间，接下来是方位选择，它也具有灵动性，再接下来是具体经营空间的内外部环境的问题，更具备灵动性。这种灵动性的结果就是规避不利，达到事业经营的相生兴旺，规避就是避凶，相生兴旺就是趋吉。

就拿选址来说：创办企业，投资巨大，如果选址失误，不但造成所投资金的巨额经济损失，而且将长期制约企业的经营、生产和效益，一旦选错了建筑基址，决策失误，势难挽回。首钢放在北京的西边，东为木，西为金，而冶炼有火，企业的五行属性为火。按照五行相克关系，金克木，火克金，北京主要刮西北风，把污染全吹向东边的京城，这样导致几十年后不得不花高昂代价向京外作战略转移。

世界各地商务办公活风水化合财富的经典见证

风水学，是中华民族的祖先为了争取在自然界中更好地生存繁衍，在与天灾地祸的磨合互动中，掌握并运用自然规律总结出来的适者生存的生态科学技术。美国著名的城市规划权威凯文·林奇（Kevin Lynch）在其编写的《城市意象》（The Imageof The City）一书中指出，中国风水学是一门“前途无量的学问”，他号召“教授们组织起来，予以研究推论”。就连一向挑剔的世界著名科技史权威、英国人李约瑟也视中国风水为“准科学”，称“中国建筑总是与自然调和，而不违反大自然”，并最终选择中国科技史为自己的研究方向。

如今，日本、南韩甚至于还要将风水理论据为已有，向联合国申报世界文化遗产。而美、英、欧、新西兰、澳大利亚等西方国家也都在研究中国的风水。20 世纪 80 年代英国就创办了风水协会。布莱尔当首相，也请了一个女风水师给他看唐宁街的官邸风水，德国当前兴起了生物住宅热，其标准竟是中国古代的风水学。前联邦德国探测开发部还特意拨款 40 万马克专门研究这个问题。美国目前 17 所大学开设易经风水等专业。在莫斯科，每到一个书店或书摊，都可以找到俄文介绍中国风水的书。

见证一：美国华尔街

2009 年度畅销书《华尔街风水师》的作者红尘介绍：中国的

风水文化，受到华尔街上的企业广泛运用，风水师大多是家族事业，由于其神秘性，大多数客户都和聘用的风水家族合作超过半世纪，几乎每家金融巨头都设有中国风水师的职位。全球首富比尔·盖兹是金融、资讯界相当著名的中国风水迷，据他的御用风水师红尘透露，比尔·盖兹所住的任何一间房子，都要经过他的风水鉴定，否则比尔·盖兹绝对不敢居住。

《华尔街风水师》出版后，比尔·盖茨为该书的第一位读者，可以显见他对风水的重视程度，这也说明中国风水文化，在华尔街的发展中已经担当着重要的角色。

见证二：新加坡圣淘沙鱼尾狮风水

“狮城”新加坡所处的地理位置得天独厚，从风水的角度看，新加坡遍地都有风水的影子。新加坡本岛南部的圣淘沙，离市中心半公里，其马来文名字是和平与宁静的意思。我们现在说说这里的鱼尾狮风水，据说1972年李光耀请台湾的一位林姓风水师指点迷津修建了这37公尺高鱼尾狮，常年守护着历史之河。鱼尾狮的风水布局，是按照玄空风水中的“拨水入零堂”的原理进行放置的。鱼尾狮建成后，新加坡的旅游业开始兴旺发达，但风水大师曾预言，这座鱼尾狮只能保佑新加坡二十四年。1996年金融风暴后，新加坡的旅游业一落千丈。1997年初，新加坡一条新建的地铁开通后，新加坡经济更加萧条，后新加坡政府听从大师指点，以本国“八卦”造型的一元硬币来化解，之后新加坡的经济又重新恢复，走上繁荣。

对风水追求，在新加坡随处可见。著名的有Sunteccity建筑群。这个建筑群由5座形同五指的楼宇组成，最初，大拇指没有建成，就开始招商了，那时的生意只能用惨淡二字形容。后来，大拇指建好了，Sunteccity里的商家个个都赚得盆钵满盈，在手掌心的位置，还有一个特殊的向内喷的喷泉，号称“财富之泉”。

见证三：澳门葡京赌场中的风水大玄机

葡京赌场的设计，暗藏了很多风水玄机。其中最具煞你煞气的是正门！其中一只门建成狮子口的模样，另一只像虎口，而且两只门前就是的士站，赌客由此进入赌场，就好像掉进狮子、老虎的口里，赌客就好容易被狮子老虎“食住”。因为狮子是万兽之王，在风水上有吸财的作用；老虎是凶猛之兽，有守财看屋的作用。

澳门葡京赌城大门上端为“蝠鼠吊金钱”设计，犹如蝙蝠开口觅食状。因为“蝠”字与中国吉祥字中的“福”谐音，故象征招财进宝广纳众财的效力很强。而整个赌场内部设计亦体现风水：赌厅设计成圆形，当客人走了一两个圈后，极易迷失方向；加上天花刻有海盗船图案，一踏入赌场就好似被海盗洗劫一样。

澳门葡京赌城外型酷似鸟笼，犹如让进入的赌客受困笼中，寓意只进不出，入场的每一个赌客，都好像成为笼中鸟。

如何打造提升职业魅力的风水

魅力是看不见摸不着的东西，魅力是人格的表现，生活中每个人都希望展现魅力的一面，尤其在职场中，可以得到更多人的肯定与认可。长相美丽不等于有魅力，魅力是后天逐渐展现出来的一种迷人的特质。有魅力的人一定会在别人脑海中挥之不去。并且，魅力的要素中没有学历、学位、职称、知识、学识等。跟个人感悟和如何呈现有关，是一种从内到外、从外到内的能让别人感觉到并深深被吸引的特质。魅力是个逐渐推进的过程，虽然学习是提升魅力的捷径，但不妨从职场风水的角度上去看问题，打造一个风水环境，让自己的能力与光芒在职场中大放异彩。

一、屏风挡大门煞气

如果你的座位刚好冲到大门，大家都知道这是有风水问题的，常识的问题是容易被干扰，运势和思维就跟着不稳了，所以你可以用屏风来帮你挡煞。

二、植物化煞法

大型叶类盆栽，如果你的座位前方或旁边刚好有厕所，或者电机之类不好的东西，可在中间，放一些阔叶植物来可吸掉来自厕所的秽气，或者可以挡掉不好的磁场。

三、座位周围不要种藤类植物

室内的植物以阔叶类为主，因为叶子植物属阳可以挡煞，又可以吸收天地的能量，而叶子小或是会缠绕的线型植物，基本上都属阴性，会吸我们的能量，让人看后有一种依赖感，所以最好不要摆。

四、台灯化煞法

如果你的座位上方有梁柱的话，可以在梁柱的正下方放一盏台灯，时常让灯泡亮着，可以减少上方来的不良气场。增加亮度，增加自信。

五、座位的墙上不任意挂图

一些比较阴沉或恐怖的图画，不适合挂出来每天看，猛兽或线条激烈的图画也不适合挂出来，因为这都有不良的暗示作用，看久了会影响潜意识的稳定。办公室最好以素面或线条柔和简单的图来布置，最能提高效率。

虽然以上所说为一些小细节，可是通过点拨，希望能为你打造一个全面提升职场运势的好风水吧，相信加上自身优秀的表现一定会在公司的业绩中如鱼得水，事业自然也会节节上升！

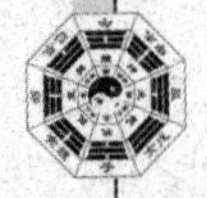

办公风水如何避免生意场上的官非

中国传统风水上一个很重要的原则是，凡是半偏门的生意风水布局，首先注重平安、注重没有官非，其次才是注重赚钱和盈利。上述案例，说明经营理念和屋宅风水都是非常重要，但是人的经营理念又是跟自身情况和屋宅相联系的。本站专家认为，所谓官非就是经营中有是非的情况发生，这是经营中的大忌。我们应该注意生意或生活上的合作伙伴，或一些你应该注意的人和事。如何让自己的生意逢凶化吉？一句话：在合理合法的经营下，调理风水，风水会起到相当的作用。否则的话，风水也不是万能的！希望朋友们都能明白这个道理。

办公室风水之调理五大秘方

想让您的工作一帆风顺，事事称心如意吗？在烦恼升迁或人际关系的问题吗？其实只要动动手，就可以轻松的制造优质的职场风水唷！

秘方 1. 办公室多用植物化煞法

秘方 2. 办公室不要挂一些比较阴沉或恐怖的图画，最好以素面或线条柔和简单的图来布置，最能提高效率。

秘方 3. 清点办公室内不要的物品，保留一个很好的气场。

秘方 4. 办公室内，巧妙利用屏风挡大门煞气

秘方 5. 办公室内的植物以阔叶类为主，少用小叶或是会缠绕的线型植物。

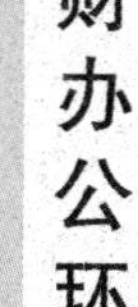

公司名片的颜色要相生

一个公司，有好多种形象代表。名片和广告就是其中的一部分名片代表公司或本人，名片是任何企业、公司不可或缺的，甚至每年都会有所变化。从风水命理角度来看，名片和广告设计若把握不好，很容易造成对企业和公司的不利影响。在此，说说名片设计的几大原则：

第一原则，广告和名片的底色与公司、名字的颜色要相生不能相克

企业风水认为，五行之间存在着生、克、乘、侮的关系。五行的相生相克关系可以解释事物之间的相互联系，而五行的相乘相侮则可以用来表示事物之间平衡被打破后的相互影响。相生即相互资生和相互助长。五行相生的次序是：

木生火，火生土，土生金，金生水，水生木。

相生关系又可称为母子关系，如木生火，也就是木为火之母，火则为木之子。

相克即相互克制和相互约束。五行的相克次序为：

木克土，土克水，水克火，火克金，金克木。

相生相克是密不可分的，如果五行相生相克太过或不及，就会破坏正常的生克关系，而出现相乘或相侮的情况。

相乘，即五行中的某一行对被克的一行克制太过。比如，木过于亢盛，而金又不能正常地克制木时，木就会过度地克土，使土更虚，这就是木乘土。

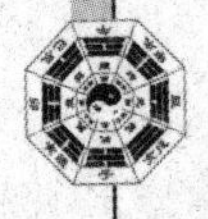

相侮，即五行中的某一行本身太过，使克它的一行无法制约它，反而被它所克制，所以又被称为反克或反侮。比如，在正常情况下水克火，但当水太少或火过盛时，水不但不能克火，反而会被火烧干，即火反克或反侮水。

由此可知，广告和名片的颜色搭配，一定是底板的颜色，来生、来帮这个名字，因为名字是你本人，你公司，底板是外界、别人。

那么，五行的颜色是如何的呢？

属金的颜色：白色、金色、银色

属水的颜色：黑色、蓝色、灰色

属木的颜色：绿色、青色、翠色

属火的颜色：红色、紫色

属土的颜色：黄色、咖啡色、茶色、褐色

比如名片或广告底板的颜色是绿颜色，绿的是木；公司的名字则用红颜色，红的是火，木生火；而个人的名字则用黄色，黄属土，火生土。这样，就能让底板来生你公司和你的名字。这是一条行之有效的风水原则。

办公风水之加薪大法

在办公室上班的，谁不想薪水多一点？我们总觉得老板不知道自己的价值在哪？这些心理的困顿，先人总结了一些加薪风水的小方法，可以让你立竿见影，不信就试试看下。

东西放左边，高薪好入眠

你可能不知道，右手的方向可是依个人的龙位所在，要是把庞杂的东西都档在右边，当然不容易拿到钱！

风扇吹吹，薪水肥肥

气通人心爽，桌子上摆个小风扇，可以加速座位附近的气场更加畅通，久而久之，人气攀升，会很快受到领导的善意回应。

灯光上照，加薪日快到

增加亮度，光线明亮，心情上涨，薪水自然会跟着上涨。

除尖拔锐，等待机会

尖锐物品象征不良的煞气，直接影响自身的气场，加薪不成的原因有多方面，这点则要特别注意。

大叶片片，钞票翩翩

在座位旁，可以摆上一株小植物，但要记得选叶子大的阔叶绿型植物，这种植物可以帮助你的财运爬升！

静石不动，薪水亦同

有的人喜欢把一些可爱的石头摆桌上，殊不知石头可是阴气很重的东西，把它摆在自己的生财桌上，不是个明智的做法！

寻找财位，多在此坐坐

这点是一般人易于忽略之处，每个房间都有它自身的财位，财位是气场最旺的地方，能座在财位办公，肯定是最好不过的，相反，座不了，在此处多站站，也可接收到旺气，何愁薪水不高。

在公司中如何赢得贵人缘

经济不景气，职场的竞争与压力也越来越大，但即使如此，人们还是希望工作能越换越好、职位能越爬越高，因此现在就介绍几招很管用的职场小妙方，不仅能帮助你争取到更好的发展及晋升机会，更让你有贵人相助，轻松奠定无可取代的职场地位！

1. 除去心中的垃圾，将过去一切不如意的事，完全的忘去，

多想一些阳光灿烂的事情，能很快提升好运气！

2. 合理利用开运吉祥物。在办公室或办公桌的右手边养一盆开运竹，放在右手边有压制不好的东西，免于无形的精神压力。

3. 宝石招贵人。建议你可以配戴宝石的饰品，如果是圆形的更好，因为圆形具有招来贵人的能量磁场，搭配圆满的形状，更象征贵人环绕，生机处处。不仅可以让你工作事半功倍，还有防制小人功用，让小人退散，财气、人气广聚，开启事业成功大道。

教您办公室风水堵住漏财处

不少白领甚或老板辛辛苦苦忙一年，到头来一算帐，几乎是白干一场，没赚什么钱。不是不用心，也不是不走运，而是漏财处太多。这可以从办公地点、办公环境、办公桌椅、办公人员等方面分析一下，查找漏财之处。

1、教您办公室风水地点要讲究：办公地点不能顺便敲定，也不是哪写字楼价高人旺就奔哪。而是首先要看你办公的行业是啥，换言之你从事的行业与办公地点选择是要匹配的。北京王府井附近的写字楼大都与商业有关，如果你的行业是做消防器材，那么请勿凑热闹也奔那办公，不仅你自己火不起来，可能连你的左邻右舍都拉下水。

2、左邻右舍要讲究：如上面所言，如果你看中办公室风水一处办公场所，也符合你的五行，但是发现左邻右舍有不太匹配的邻居，那么，请你三思而行。比如，这一层都是文化企业，而恰恰有一诊所在你边上，那么，你要小心了，如果你与该诊所为伍办公，你公司的财运就大打折扣了。

3、楼层的讲究：公司选址，都特别强调楼层的选择。除了楼层数与公司匹配外，还有一个原则是越高的楼层越好。如果你有心，就会发现：几乎任何一个著名企业的办公楼层在该楼中都会

高过在该楼办公的同行业公司，而几乎这些著名企业的董事长总是在这栋楼的最顶层办公。

4、青龙白虎的讲究：一个小区、一栋写字楼都有青龙白虎等之分，原则上，当然青龙位比白虎位好。选择不对，不仅天天犯小人不着调，还会影响健康和财运。在此基础上，朱雀和玄武也是不能忽视的。其实这个原则也延伸到办公桌的摆放和使用。举例：有位老板的大班桌右侧堆满了文件像小山，而左边倒是没什么东西，自然天天被“白虎”纠缠。为何？郑博士透露给你：你右侧的白虎位是很凶的，不能招惹，否则白虎要折腾你，而你左侧的青龙倒是比较温顺，有时你“欺负”它，它也不太会发作。

5、厕所和过道的讲究：办公室风水不能挨着电梯、厕所和过道，否则，财运流失。如果已经暂时不能改变局面，也要进行化煞，当然，不同的情况化煞方式也相异。举例：北京东方广场一公司经理办公室隔壁就是女厕所，她经常能听到冲厕所的声音。第一年她没注意，结果尽管赚了不少钱，但是支出也忒多。第二年，我看了后说要么搬家要么化煞，因客户熟悉她舍不得搬，于是通过化煞成功将这块漏财之地变为“风水宝地”财运大增。

6、办公桌的讲究：办公桌不能不规则形状，摆放位置要强调“藏风纳气”，避免无靠山之位。

7、办公环境布置的讲究：办公环境布置强调颜色、植物、灯光，装饰、鱼缸等等，都要符合风水的讲究，不能以自己个性喜好或者追求时尚来定。比如，鼠年，东方和东南方就是大吉的方位，特别适宜红色和黄色，你的办公家具或墙的颜色都根据此进行调整，那么风生水起好运来。有些公司自打搬进某处办公，几乎就没有讲究过这些，年年如此，雷打不动，财运肯定会变，漏财也就难免。

8、办公人员的讲究：一个公司、一个团队，大家在一起是缘分。但是每人的气场又是不同的、甚至相克。如果不讲究，那么，很可能导致团队效率不高，甚或相互扯皮、矛盾多多。日本、韩国等大公司在招聘时就讲究员工的属相，更不用说团队的命理匹配了。卧室风水

以上所言仅仅是办公室是否漏财的常见几条讲究，相信对公司和对个人都适用。

电脑放置的风水影响

现代的办公已经进入了“电脑时代”，人们整天对着电脑，在互联网里生活。而电脑产生的电磁辐射对人体健康的危害很大，但你或许不知道，其实电脑的摆放位置不同，也可能影响到你的办公风水及自身运程。那么，办公室如何摆放电脑，才让你增加或改变自身运气？下面浅谈几项：

1、请勿将电脑置于你的喜用神方向。

电脑置于喜用神方向，会压制你的贵人。如果你的命理还忌火的话，那就更要小心了。举个例子，比如说你的喜用神为东方，你的命理忌火，你还把电脑放在了东方，这样的话木生火旺，对你的运势会产生极为不利的影响。

2、电脑最好放在电脑桌的左边。

这对经常依靠电脑工作的人而言，是比较理想的方位。按风水方位学来说，就是“龙高昂，虎低头”，左方是吉方，放电脑最恰当。

3、电脑对床者为电脑摆放大忌。

电脑的显示器如果正对住了卧床，因辐射原因，就会影响人的精神和睡眠质量，建议最好做出调整。

4、电脑要避免阳光直射。

电脑放置的地方容易受到太阳直射的话，最易招惹是非，容易有口舌之争；但如果摆放在阴暗的地方，也容易情绪低沉，影

响工作状态。

5、避免电脑摆放在空气不流畅的地方。

电脑最好摆放在空气比较流通的地方，这样不仅可以减小电脑的辐射，也不会对主人有太多影响；如果是摆在一个空气不太流通的地方会造你对外界反应缓慢，思路不清晰。

6、电脑位置一定要远离水池、鱼缸等近水的地方。

近水的地方，容易让电脑受潮不说，还容易水火相克，诱发心血管类疾病。

7、电脑周围不要摆放太多杂物。

电脑周围有太多杂物，容易让人分心，产生杂念，无法专心工作。

8、显示器最好与空间匹配。

如果房间太小而却用了较大的显示器，容易造成亲朋疏远，同事远离，领导不太重视的情况；反之，如果房间大却用小的显示器，则容易被人忽略，甚至看不起。

所以在显示器的选择上不是越大越好，而是与空间相匹配为宜。

租房风水禁忌

当今社会，为了生活和工作，赚钱或求学，常常离乡背井。安居才能乐业，买个房确实很不容易，一时无法买屋，只有选择租房，要租到个好房其实很不容易。一般人只考虑方便和价格因素，很少有人会去关注临时住宅的风水。其实，在关键时刻，租房风水直接影响生意的兴衰，事业的发展。租房时千万要注意下面这些方面。

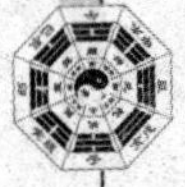

1. 租房忌贪求便宜

看似很不错的房子，却低于行情之屋子，必有不利于租方的条件。就要在在风水上，或者别的方面查查。

2. 租房忌老旧房子

老房子一般是过运的，没有旺气，屋子太老，过去必承受太多人间怨气，久住则易受影响。

3. 租房忌奇异纸物

当看房时，有贴有符纸、化煞物品（如凹凸镜、八卦镜等）的房。不管房东如何托词，最好都不要住进去。

4. 租房忌邻住病家

如房屋相邻有病人，或与房东合住，房东家中有久病或重病之人，最好都不要搬进去住，免得惹秽气上身。

5 租房．忌庙宇教堂

庙宇、天主教堂或基督教堂，因为阴气太重，都属阴煞之地，一般人最好不要太靠近，否则轻则运势低落，重则大病丧身。到煞气。

6. 租房忌坟场医院

屋宅最好不要靠着坟场或大医院，最好要有 100 公尺以上的距离，免得犯到煞气。

7. 租房忌阴暗屋宅

住宅太暗，容易招邪；白天开窗屋内仍阴暗之宅，属阴气过盛，阳气不足之地，一般人最好少住。

8. 租房忌孤宅屋子

孤宅，是指屋宅四周只有你一间屋宅；或者一栋大楼里，只

有你一户人家；因人少阴气盛，也不利于人。

9. 租房忌深山恶水

租屋最好不要再深山恶水边，因这些地方容易聚集死于意外的孤魂野鬼。

10. 租房忌高架电塔

不与高架桥、陆桥同行之房屋免流年与五黄飞到，祸不单行。远离高压电塔，离高压电塔最好超过200公尺，免小孩流鼻血，大人易得癌症或其它暗病。

提升办公质量遵循九大原则

风水文化是一种广泛流传于民间的习俗，一门趋吉避凶的术数，一科有关自然环境的学问，一类调整和改造命运的最高玄学，从古至今，令多少人趋之若鹜，甚至倾其一生遍访明师。不好的风水会让人惹官非、犯桃花、患恶疾、走霉运，而好的风水会让人升高位、得横财、添贵子、获好运。

现代人的生活节奏越来越快，他们希望迅速的让事业成功，快捷的获得巨额财富，全身心的享受美好的生活，于是风水的热潮又再次席卷神州大地。有人说："人的命运与生俱来，我们无从选择"。不错，命是先天就注定了的，但是我们所处的环境与方位是可以选择的。好风水需要专业风水师来确定，但如果我们知道一些趋吉避凶的基本原则，在生活中就能给自己和家人当风水师了。

今天我们首先来说说办公室风水大原则。

从事脑力工作的人群每天的工作环境大多都在办公室里，所以办公室的方位和室内的摆设都是至关重要的。因为吉利的气场方位对人的谋略、胆识、智慧、财运、仕途都有一定的帮助，从而更有利发挥自己的才能与才华，办公室的环境自然就会影响到决策的正确、事业的成败和生意的兴衰。由于当今社会的职业种类繁多，每个人的命局组合又不同，办公室风水布局，自然也不是千篇一律，我们就办公室的摆设归纳一些应遵守的则：

办公室风水第一大原则

忌背门而坐

如果办公桌靠近门摆放，人背门而坐，这是办公桌摆放第一要避免的基本点。门是人进入的必经之处，是办公室的气口，也是纳气之所，包括生气和煞气。人如果背着门口而坐，座后没有依靠，背后有人来人往的杂气冲击，长期如此，坐于此位的办公室人员会时常都处在一种潜意识的紧张状态之中，有时总觉得似乎有人窥视，导致思绪杂乱，决策失误，不能安定的做好每件事，总觉得浮燥，甚至会出现肾功能不好，腰疼，工作上遇小人、事非等等。这种情况在风水上叫“冷风吹背”。

化解方法一是调整办公桌的摆放位置，换到不是背门而坐的方位；但对于办公室的小职员就不太容易调整办公桌的位置了，因为很多办公桌的位置是因为工作的需要而摆放的，那么我们可以选择一张有靠背的椅子来坐，这样背后不但有靠了，还能阻断杂气的冲击。

办公室风水第二大原则

忌坐靠走道的窗边

窗是房屋的一个进气口，会纳入生气或煞气，但是窗外有行人走道的窗，不但会纳入来来往往的杂气，还会有行人的脚步声，喧哗声，以及其它的噪音一类的声煞干扰自己的工作。如果将办公桌设于行人窗道下，就等于将写字台置于一些形煞之下；如果

需要研究公司的机密，自然会担心有一些闲杂之人窥视。在这种靠近窗口的办公桌上工作会安不下心来做事的。

化解方法是：写字台要尽量离窗户稍远一些，远离窗口的距离为在过道之人看不清楚办公桌上的文件。同时也要利用窗帘，经常用窗帘遮住窗口，避免窗外来回晃动的人影影响工作者的思维。

办公室风水第三大原则

忌座后有窗

现在很多高级办公室有明亮的落地窗，俯视群楼，有一种高高在上的惬意。有的人喜欢将办公桌与窗平行摆放，将座设于办公桌与落地窗之间，将窗做为靠山，这样摆放的办公桌位置也是错误的。座后有窗，就如同座后有门一样不可用。窗是光和气的入口，理论与忌坐后靠门一样。

化解方法：一是调整办公桌位置；二是选择一张有高靠背的坐椅。

办公室风水第四大原则

宜座后有靠山

自风水学的角度来看，好风水的第一大原则是“山环水抱”，也就是说背后有山作依靠，来旺人，前面有水来环绕，来旺财。所以座位背后必须要有靠山才有利于工作者的事业，办公室里的所谓“靠山”就是一堵墙壁，座位要尽量靠着墙壁，墙壁与座位之间最好不要留太多的空间。

办公室风水第五大原则

合理选择办公桌

现今办公桌的质量一般都以木质的为主，但如果对于命理上忌木的人使用木质的办公桌反而会出现不好之事。我们可以针对自己命理上的喜忌选择有利于自己的办公桌。如果质量上的选择不多，我们可以从颜色和款式上来加以利用和补救。

属火的颜色：红色、紫色属土的颜色：黄色、咖啡色、茶色、褐色属金的颜色：白色、金色、银色属水的颜色：黑色、蓝色、灰色属木的颜色：绿色、青色、翠色也就是说，如果命理上喜火的人，可以选择枣红色的办公桌，喜水的人可以选择深蓝色的办公桌，以此类推。还有，如果身体的脏腑有不舒服，也可以通过颜色来弥补。例如：有的人因为工作的关系，经常应酬，喝酒是时常的事，长期如此，肝会受不了的，经常会隐隐作疼。我们就可以选择绿色的木质办公桌来补肝的五行。有的人肾不好，可以选择属水的颜色来补肾的五行。心脏不好选择属火的五行，肠胃不好选择属土的五行，肺不好选择属金的五行。我们在工作中不但有张舒适的办公桌，无形中还调理了自己的身体。目前办公桌的款式引导主潮流的仍然是干练而简洁的长方形，其实懂点风水知识的人可以选择一种有利于自己的办公桌款式，一种就是靠近自己三方还是直线条，而自己面对的最外面那条边却呈半圆形；另外一种办公桌却是整张呈圆弧，象一条腰带包着自己一样。风水是最讲究“山环水抱、玉带缠腰”等原则，这种环抱自己的办公桌不但有利于自己，让一些吉气得到聚集，而且最妙之处是能化掉自己面对的一些煞气，所以这种环抱自己的办公桌，对面最好没有同事，不然会给同事带来不吉。

办公室风水第六大原则

忌镜子照射

很多单位都放有一张大大的整容镜，一些爱美的人士也爱放张镜子在办公桌上，爱美是人的天性，但如果镜子每天都照射着你，久而久之你就会发觉自己经常会头晕眼花、决策失误、睡眠不好等等让人体质虚弱而产生的毛病。镜子在风水里叫“光煞”，是一种避煞的工具；镜子里的世界叫幻影，会让人头脑混沌、虚乱。现代建筑经常用玻璃贴满整幢建筑的墙面，这就是最厉害的光煞，被照射的阳宅内的人会出现很多不吉之事，厉害的光煞会招致血光之灾、是非、破财。所以当你经常被大镜子照射时，就不要再臭美了，还是避开为妙。

办公室第七大原则

忌横梁压顶

办公室有的人头上正好是一个横梁，有的人头上是低矮的吊顶，这些东西在风水上叫“横梁压顶”，也就是长此以往，会让人在工作上产生压力，受到上司的责难，遭到小人的中伤，颈椎疼痛，运气阻滞。化解的方法：风水里葫芦起化病、收煞气的作用，去工艺品店买几根带葫芦的装饰藤缠绕在上面，既美观又化了横梁压顶的煞气。

办公室第八大原则

如何正当的旺“桃花”

很多人常常开玩笑问朋友：“最近有没有桃花运啊？”其实命带桃花的人是指人长得漂亮，有文学或文艺方面的天赋，因为人优秀所以容易得到异性的青睐。但此桃花是指正当的桃花，桃花运不旺的人可以在自己的桃花位布局，从而催旺自己的异性缘，而不正确的摆设会给自己带来桃花劫。希望旺桃花的人可以在自己的桃花位放一只装满水的花瓶，花瓶里养鲜花，有桃花的季节最好插桃花枝。如何确定自己的桃花位呢？生肖属猴、鼠、辰的桃花位在正西方；生肖属虎、马、狗的桃花位在正东方；生肖属猪、兔、羊的桃花位在正北方；生肖属蛇、鸡、牛的桃花位在正南方。

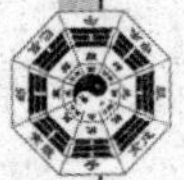

办公室第九大原则

有效催旺财运

在办公室的财位放催财的用品可以令整个办公室的财运转旺。财位需要风水师进行专业堪测，才能定出准确的横财位或者偏财位、正财位。有些催财的东西不能乱放，比如说饮水机、金鱼缸、冷气机等等，但有些催财的吉祥物一般人都会摆放。

例如：貔貅、麒麟、龙龟、金蟾都是催财很快的风水用品。但是在摆放上有区别，前面三者摆放时要头面对门口或者窗口，而金蟾却恰恰相反，它的头要面向房间内，因为貔貅、麒麟、龙龟都是吸四方财回来的，而金蟾却是吐钱的，所以它们的摆放有差异。另外这些催财物一定要经过开光才有效。

旺铺店面风水的几大要素

经商店铺的风水选址，主要在于选择一个能保证商家精力旺盛、招迎顾客、利于买卖，能带来生意兴隆的好环境。在日本、香港、新加坡等地，富豪商家的店铺位置都是非常之好的，也都是按风水家的意见设置的，所以财运都很好。选择经商的店址，民间俗称“选码头”。“码头”位置的好坏，对经营的生意好坏，有很大的影响。

因此，店铺位置的选择，对经商者来说是十分重要的。

（一）取繁华避偏僻，人流穿往密集的地方就是繁华的地段。按照风水的说法，有人就有生气，人愈多生气就愈旺，乘生气就能带来生意的兴隆。从经济学的角度说，市镇上的繁华地段，就是商品交易最活跃最频繁的地方，人们聚集而来，很大程度上就是为了选购商品。

将店铺选择在市镇繁华的地段开业，就可以将自己的商品主

动迎向顾问，商品能招引顾客，就能起到促销的作用，将生意做红火。

相反，如若将店铺开设在偏僻的街段，就等于回避顾客。商店开张经营，而顾客很少光顾，就会使商店冷冷清清，甚至门可罗雀。按照风水的说法，人代表生气，没有人光顾商店，商店就缺少生气。生气少，就是阴气生。商店的生意不景气和萧条，就是阴气过盛。一个商店的阴气过盛，不仅是生意亏本，严重的还会损伤店主的元气，致使商店破产。

在我国的大多数城镇，繁华的地段往往都是集中在T字型和Y字型的路口处，如果选择在此开店，就会有同住宅一样，受到来自大道的煞气冲击；如若不在此开店，又避开了有利于发财的生气。故而，在这样的情况下，风水有一种"制煞"的方法。

一是要求在开设于T字型和Y字型路口的店铺前，加建一个布的或者蔑制的围屏，或者围障，或者将店铺门的人口改由侧进，以挡住和避开迎大路而来的风尘。

二是在店前栽种树木和花草，以增加店前的生气和消除尘埃。

三是尽管经过采用以上的方法对店铺前生气与煞气的调整，处在此路段经营商务，还是风尘很大，因此，还要注意多在门前洒水消尘，以使店前空气的清新；还要勤于店前卫生的清扫和店面门窗的擦洗，以清除沉积的尘土。

总之，在T字型和Y字型路口处经商，均要保持店内外的干净清洁，特别是经营要求讲究卫生清洁的饮食、水果、百货类的生意尤为重要，如果是让风尘沾污了食品、水果和衣物，按风水说法就等于染上了煞气，就有可能是因为商品不净而无人问津，或者是因为卫生问题被吊销经营执照，或者是因食物和衣物的不净与顾客引起争讼，等等，都有可能导致所经营生意的破败。

（二）取开阔避狭窄

风水在选择宅址时，讲求屋前开阔，接纳八方生气，这与经

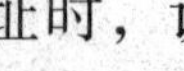

商讲究广纳四方来客契合。

按照这一原则，选择店铺的地址时，也应考虑店铺正前方的开阔，要求不能有任何遮挡物，比如围墙，电线杆，广告牌和过大遮眼的树木等等。

讲求商店门前的开阔，可以使商店面向四方，不仅使商店的视野广阔，也使处在较远的顾客和行人都可看到铺面，这样利于将商店经营的商品信息传播四方，传给顾客，传给行人。风水把这种信息的传递，叫作气的流动，有了气的流动，就会生机勃勃。从经商的角度说，顾客和行人接受到了店铺的商品信息，就可能前来选购。

在商品经营的活动中，可以说，没有商品信息的传递，就没有顾客，没有顾客就没有生意。如今商品广告的盛行，就是看中了在商品经营的活动中，商品信息传递的重要性。

利用商店作为商品交易的场所，是一种有固定经营位置的经营活动，这种经营缺乏像货郎担那样，走街串巷，主动送货上门的灵活性。因此，商店的经营要使有顾客上门，门面的显露和引人注目是最基本的。商店门前有顾客，就有了生气。顾客愈多，生气愈旺，其结果就是生意愈好。

选择在一个店面狭窄的地方开起了商店，或者是店前有种种遮掩物，就不利于商品的经营活动。店面的狭窄，或者是店面被种种物体遮挡住了，就不能把商店商品信息远递，这样势必就将商店的商品经营活动局限在小地域和小范围之内进行。有限的经营空间，不可能指望有大的经济收益。如果要凭借灵活的经营手段来改变这种状况，就需要经过一个相当长的时间。这就是经商行话所说的“熬码头”。熬码头，这对于一本小利微，或者是要急于见经济效益的经商者来说，是承受不起的。即使是熬出了头，使商品的名声逐渐外传了，也还时常会丢掉一些新顾客。这些新顾客往往会因商店店面的狭窄而找不到地址。得不偿失，应该搬

迁或改造。

对于店面狭窄，或者受遮挡的店铺，改选的对策有四点，一是努力去拆除店前的遮挡物，使店面显露出来；二是对店面狭窄而无法改变，就把店牌加大高悬，使较远的地方张眼就能看到；三是通过电视、电台、报纸、广告牌等新闻媒介，广泛地进行介绍宣传，尽量做到使顾客知道商店的地址、经营的商品，以及商品服务的特点；四是积极参加各种社会福利的赞助活动，以扩大商店的知名度。

（三）取南向避东北

风水在选择阳宅的基址时，立求座北朝南，其目的是为了避免夏季的暴晒和冬季的寒风。经商地址的选择，也同样需要考虑避日晒和寒风。那么，最好的也还是座北朝南，即取南向。

作为经商性质使用的店铺，在进行经营活动时需要把门全部打开。如果店门是朝东西开，那么，在夏季，阳光就会从早晨到傍晚，通过店门照射到店内。夏季的阳光是火辣辣的，风水将此视为煞气。这一股煞气对商店的经营活动是不利的。煞气进人店内首先受到干扰的是店员。店员在烈日的暴晒之下，口干舌燥，头冒金星，全身大汗，很难坚持良好的工作情绪。店员工作情绪低落，或自找遮阳物，或尽管纳凉，或电扇冷气猛吹，处在这样境况下的店员，必定心火烦躁，因而也就势必对经商者视为“上帝”的顾客简单应付，甚至粗暴对待。如此这般，当然也就谈不上做买卖了。

受到煞气干扰的，第二就是商品。商品在烈日的暴晒之下，十分容易变脆发黄，严重的会影响到商品的质量。如果商品存放不久，即能卖掉，其影响还不大，倘若商品是久销不动，就非报废不可。结果是生意没做成，反要赔本。

受到煞气干扰的，第三就是顾客。商店在烈日之下热气逼人，对顾客来说，不是迫不得已就不会登门。再者就是，没有顾客愿

意在烈日暴晒之下选择商品。商店没有了顾客，煞气就显得更重。煞气变死气，此店就不行了。

如果店铺朝北方，冬季来临也是不堪设想。不管是刮东北风，还是刮西北风，都会朝着门户大开的店铺里钻。风水也视寒气为一种煞气，寒气过重，对人对经商活动均有不利。寒风袭来，店员又受到了另一种煎熬，身体好的还顶一顶，身体差的就可能得病。尽管店员是加衣烤火，但寒气过重，就使店员不愿走动，未达到商品销售的目的。店员因寒冷不愿走动，就会使商品的流动速度减慢，造成商品销售量减少。

然而，店铺选择座北朝南，即取南向，就可避免少受朝东西向和面北方所带来的一切季节性的麻烦和不利，其生意就有可能要比前二者要好。

如果是迫不得已，商店非要选在朝东西方和西北方的地址不可，就要采取措施来制止住夏冬两季带来的煞气。在夏季，可在店前撑遮阳伞、挂遮阳帘、搭遮阳篷等等，以避免烈日的直接暴晒。在冬季，则需要给商店挂保暖门帘，在店内安装暖气设备，使店内温度回升，造就一个适应人们进行正常的经营活动的环境。这种调谐寒暑的办法，风水就叫作“阴阳相克”或曰“五行相胜”。

选择经商地址，考虑的因素还有很多。比如有人考虑选择一个带有吉祥意义的街名，或者是选择一个认为能给自己带来好运的门牌号码等，来作为店铺的地址。这样的选择，除了能给经商者和顾客在心理上以某种安慰的作用之外，还具有风水学上的意义。

（四）店铺外观造型

从商品营销的角度说，注重商店的外观造型达到树立商业形象的目的，就必须使这个外观造型具有鲜明的独特性，即要注重造就商店外观的特色，通过运用商店外观造型的独特性，宣传自

己，招引顾客。作为经商活动的店铺多密集于繁华热闹的街市，拥有众多商店繁华街市，是一个商品经营活动竞争十分激烈的区域。要想在这个竞争区域里，取得商品营销活动的成功，首先就要从商店的外观造型上着手，要使商店的外观造型在商家角逐之地独树一帜，从而先声夺人。

可以想象，一个外观造型平庸的商店，或者是一个商店的外观造型与他邻近商店保持一个格调，这个商店要取得超出他人的营业效益是不可能的，最多也是与他人持平。因为，这个商店没有能在商店林立的街市上，将自己突出地显露在顾客面前，因此，也就很难在商品买卖激烈竞争的舞台上，赢得有利于优先发展的地位。所以，将商店外观造型设计得有特色，这不仅仅是吸引顾客的一个做法，更重要的还是商品营销的一个谋略。

注重商店外观造型的特点，就如同注意商品包装的特色一样。一件商品在市场上能否做到畅销，除了讲求商店的质量可靠和性能的优质外，还要讲求对商品进行具有特色的包装。因为，包装是展示在商品外表的一层装饰，顾客在柜台上选购商品时，首先看到的就是商品外表的一层装饰。商品的营销者要通过这一层装饰来抓住顾客，提起顾客购买欲，关键就在于展示在商品外的这一层装饰是否具有新颖、美观、别致等多方面的特色。道理一样，商店能否吸引顾客，除了讲求经营商品的质量和优良的服务态度之外，商店外观造型的特色也是重要的。据不完全的调查，一个经营效益好的商店，大多都是一个外观造型具有特色的商店；一个善于经营的商店，在他们的商品营销的对策中，总有一条是关于商店的外观造型设计的原则，因为，他们把商店的外观造型看成是一个展示商店的包装，相信具有特色的包装就能够占领商品的经营市场。

一个商店外观造型的特色，最好是能围绕商店所经营的主要商品，或者是针对商品的营销特色去展开设计和构想，主要原则就是要使顾客从商店的外观，就能体会到或者猜测到商店经营的范围，使之在商品的营销活动中，起到宣传商店和招揽顾客的作用。

在追求商店外观造型的特色时，不意味着将这个外观造型搞成奇形怪状。奇形怪状的商店外观造型，将会弄巧成拙，惹来路人的非议。

良好的建筑造型，就在于挖掘人们对造型结构的审美意识。这种审美意识，对中国人来说，就是讲究结构的左右对称，前后高低均等，弧圈流畅，方正圈圆等等。因此，在设计商店外观的独特造型时，要注意造型结构的谐调性。就是说，要考虑商店外观的独特造型是否符合人们对建筑结构的审美观念。具体来说，大致要看处于左右两侧的部分是否对称，前后的高低是否相宜，建筑物四周留出的空间是否均等，该成圆形的圆了没有，该成方形的方了没有，该成角形的，成了角没有等等。总的原则，就是在人们观看商店的外观造型时，感到舒服顺眼，取得良好的视觉效应，即是要取得人们对商店外观独特造型的认可。

人们认识一个事物，往往都是从认识其外观开始。商店能从外观造型的感觉上，首先赢得了顾客，就等于把生意做成了一半。

商店房屋的外观造型，从某种意义上说，就代表了一个商店的形象。好的商店外观造型，能使商店在顾客中树立起良好形象，使顾客来到商店里购买物品里，感到踏实可靠可信，从而也就增加了在顾客心里的声望。反之，如果一个商店的外观结构设计得不谐调，人们看过去感到十分别扭，不仅招人评头论足，而且使人产生反感，甚至厌恶，从而也就损坏商店在顾客心目中的形象，使顾客失去对商店的信任感，当然，顾客也就很少举足上门了。

对于不谐调建筑外观造型的店铺，风水称之为“凶宅”，认为会带来天灾人祸。商店因建筑外观造型的不谐调而失掉顾客，就是商店遭受到的最大祸患。

注意商店外观造型的谐调，也是注意商店经营买卖活动的一个不可忽略的内容。

（五）外观造型与区域景致谐调

在设计商店外观的造型时，除了考虑建筑本身结构比例的谐调性之外，还要注意使商店的外观造型与所处的区域的自然景致相谐调。

风水学认为，宇宙大地的万物都蕴藏着气，优美的山川景致表明生气盎然，相反残垣断壁就是死气淤集。在山川美景的区域，气的流动顺畅，而在残垣断壁的区域，气的流动受阻。

按风水学的说法，在考虑商店的外观造型与所处区域自然景致的关系时，更有意识地将商店的外观造型与优美的自然景致谐调地融为一体；有意识地使外观造型与区域景致相谐调，就意味着顺应了宇宙之气的流通，就是将商店融入了大自然的生气之中。商店处在优美的自然景致之中，就拥有了丰富的大自然的生气，就能顾客盈门，生意兴旺。相反地商店处在残垣断壁的恶劣的环境之中，就会导致生意经营的惨淡。

从商品的营销角度上说，商店有一个优美的景致作衬托的背景，可使商店在对外宣传时，带给人们一个美好的形象。特别是从事旅游酒店生意的，有坐落于优美景色之酒店，会迎来源源不断的观光游客。

有了优美自然景致的良好环境，还要考虑商店的建筑与之相谐调。如果不注意这种谐调性，就等于失掉所拥有的优美自然景致的生气区域。

商店建筑与自然景致的不谐调，是指商店的建筑很不相衬，或者是十分别扭地出现在优美的自然景致之中。商店的建筑与自然景致的不谐调，就破坏了原有的大自然之美，就等于在一幅优美的图画上出现了一个不应有的污点。按照风水的说法，就是商店的建筑与区域自然之气不顺，扰乱了宇宙间的自然之气，使宇

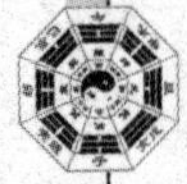

宙间的生气流通受阻。宇宙生气受阻带来的就是煞气的产生，原有的生气就变成了煞气。商店建筑带来煞气的同时，也就受到了煞气的包围。在煞气包围之中的商店，生意就会清淡。

从客观的实际来说，商店建筑不谐调地出现在优美的自然景致之中，主要的损害破坏了商店对外宣传的形象，从而影响到生意和买卖。从这样的观点去看，当然就更不能将商店置于残垣断壁场景之中。

观察一个商店的外观造型是否与所处区域的自然景致相谐调，最简便的一个方法，就是在早晚的时候，用视觉从不同的角度，来观察商店的外观是否美好。特别是在有朝霞和晚霞的时候，看一看映衬在霞光之中的商店外观造型，是否美丽动人。是否有诗的韵味，是否与自然景致融成了一幅优美的画卷，如能达到这样的效果，就是商店的外观造型与区域的景致，达到了最佳谐调状态。

优美商店与优美的景致相融合，是商家所看重的天时地利。精明的生意人能借用天地之利，以达到财源茂盛的目的。建筑，从某种意义上说，就是色彩的建筑，除去色彩的建筑，就等同于一堆灰土。

按照风水学的五行之说，天地万物是水、火、土、金、木等五种元素构成。天地万物都以五行分配，颜色配五行就为五色，即青、赤、白、黄、黑等五种颜色。

青色，相当于温和之春，为木叶萌芽之色；赤色，相当于炎热之夏，为火燃烧之色；黄色，相当于土，为士之色；白色，等于清凉之秋，为金属光泽之色；黑色等于寒冷之冬，为水，为深渊之色。简化就是，木为青色，火为赤色，士为黄色，金为白色，水为黑色。

青、赤、黄、白、黑等五色，在中国古代还有特殊的意味：

青色——永远平和

赤色——幸福、喜

黄色——力、富、皇帝

白色——悲哀、平和、雅洁

黑色——破坏、沉稳

因此，中国古代的建筑对颜色的选择十分谨慎，如果是为希望富贵而设计的建设就用赤色，为祝愿和平和永久而设计的建筑就用青色。黄色为皇帝专用颜色，民间的建筑不能滥用，只能用于建筑某个小部分。白色不常用。黑色，除了用墨描绘某些建筑轮廓外，也不多用。故而，中国古代的建筑以赤色为多，在给屋内的栋梁着色时，以青、绿、蓝三色用得较多，其他颜色很少用。

人们对颜色所表现出来的习尚，已经不是一种简单的颜色欣赏，而是一种寓含着某种人类情感的凭托物，反映了一个民族的信仰观念。

于是，在设计商店外观的颜色时，就要注意将之与人们对颜色的传统认识观念相谐调，要使人们接受所附于商店建筑外观的颜色。当然，随着现代文化的发展，人们对颜色的需求也会有所变化。那么，作为商店的经营者，就要主动地去满足人们对颜色的新需求，以颜色的清新、活力、美感来吸引顾客，来达到促销商品的目的。

要求商店外观造型的谐调，当然也包括着色的谐调，各种颜色搭配谐调等等。

商店外观造型颜色的谐调，主要是指建筑物涂了某种为人们所忌讳的颜色，或者是在着色，或者是选择搭配的颜色上，给人们所造成在色感的认识上不相适应的感觉。商店外观造型颜色的不谐调，会影响商店的外在形象。

按风水的理论，颜色不正，色彩不谐调，都带有煞气。商店外观造型颜色不谐调，就使商店带上了煞气，有了煞气，就要给商店带来凶灾。且不谈风水论，商店外观造型颜色的不谐调，就好似一个人穿了一件不伦不类而遭人厌弃的外装，是应该加以避免的。

借助颜色美化商店，借助颜色烘托商店，这是现代商家运筹商店的崭新意识。

（六）店铺宜宽敞

商店的门是商店的咽喉，是顾客与商品出入与流通的通道。商店的门每日迎送顾客的多少，决定着商店的兴衰。因而，为了使商店能提高对顾客的接待量，门不宜做得太小。

商店的门做得过小，按风水的说法就是缩小了屋宅的气口，不利于纳气，使气的流人减少减慢，从而减少屋内的生气，增加死气。

对于经商活动来说，作为出人通道的门做得过小，就会使顾客出入不便，如果顾客还要提携商品的话，就会出现撞撞碰碰，很有可能会损坏已卖出的商品。狭小的店门，还会造成人流拥挤，拥挤的人流就有可能使一些顾客见状止步，也会因人流的拥挤发生顾客间的讼争，以及扒窃事件的发生，最终影响商店正常的营业秩序。这就带来了风水常说的“灾祸”。

把商店的门加宽，甚至可以把商店的门全部拆除。商店的门加大，也就是扩大了风水所谓的“气口”，大气口就能接纳大财源。对于经商者来说，就是能接纳更多的顾客，就可以避免商品货物的碰撞和顾客间的争讼，避免其他不应有的事件发生，从而保证商店有良好的营业秩序，使经营蒸蒸日上。

广开了店门，还可以将商品更好地展示于顾客面前，方便顾客选购。广开了店门，就等于拆除了店内商品与店外顾客间的隔墙，使陈设在店内的商品直接展向街市，使街道上的行人举目就可以看到，就使陈列于店内商品成了一个实物广告，既宣传了商品，又做了生意。

广开了店门，柜台就成了宣传的橱窗，而且这个“柜台橱窗”

更灵活，既可看，又可进行交易买卖，解决了商店橱窗只作设置在店门左右两侧的商品宣传。橱窗全部拆除，代之以柜台，将商店全面向顾客敞开。从商店投资的效益来说，就在不用扩建商店的基础上，扩大了商店的经营空间和营业面积。

要求店门宽敞的意义，就在于使顾客更大范围、更方便地接触商品。按照这个原则的设计，更进一步就是组建让顾客能自己提取商品的自选商场。在自选商场里，众多的商品就摆在顾客的眼前，顾客接触商品就更自由，而且顾客可以不须经过营业员之手，就可以拿到商品。

实践证明，能让顾客更广泛地接触商品，能让顾客按自己的意愿自由地取舍商品，就可以提高商店的营业额。这也是商店的“门宜宽敞”所要达到的效应。

商店的朝向是商家所十分慎重的事情，往往将之看成是经商成败的关键。实际上，商店的兴衰取决于顾客，顾客是商店的财源所在。顾客盈门，商店就会兴旺发达，反之，商店就要倒闭。所以，商店门的朝向，应取决于顾客，应该是顾客在哪里，商店的门就开向哪里，做到门迎顾客。

商店的门向还跟商店的选址有很大的关系，如若商店的选址为座南朝北，或是座西朝东，而且顾客的聚集点也就在房屋所座朝的方向，那么商店的门就只有朝北、朝东无疑了。如果是这样，商店又犯了门不宜朝北，不宜朝东的忌讳，在夏季商店就要受到烈日的直晒，在冬季商店就要受到北风的侵袭。在这种情况下，不妨可运用阴阳五行相生相克的定律处理。

如果是经营旅馆业的，在夏季里，除了在旅馆门前搭遮阳篷外，还可以在旅馆的前厅摆置一个大的金鱼缸，摆上若干盆景。

金鱼缸属水，盆景属木，都可以起到室内的热气减弱的作用。而且，人在暑天里看到一缸清凉之水，其中又有生气勃勃的金鱼，就会获得清新之感。

如果有楼层的商店，而且二楼是用作办公间使用，商店的门朝向顾客，来自商店门口的噪音就有可能干扰到二楼的办公间。为了避免这种干扰，所设计的楼梯口不可正面对着商店大门。按照风水学的说法，将上楼的梯口正对着大门，聚集在大门口的煞气（噪音）就会直接顺着楼梯道进入二楼。理想的做法是，将楼梯开置在侧面，梯口避开正门，由侧墙引阶而上。有可能的话，最好还是在大门与梯口之间放置一架屏风，作为噪音的间隔层。

在街市上，常可看到一些利用原有沿街房改建而成的商店。这种商店的房屋原先大多是作为住宅使用的，大门额上方往往没有伸出来遮阳遮雨的预制板或平台。这样商店的门虽然开向了顾客，但不利于顾客的出入。属于这样的商店，应在大门额的上方搭出一个阳篷。有了这样一个阳篷，在夏季可避免店铺受烈日的暴晒，也可使顾客在商店门前有一个站歇的地方；在雨季，又可避免店铺被雨侵湿，也可为顾客在商店门前准备一块避雨之地。否则，商店门前无遮无挡，在烈日之下，热气逼人，顾客不耐酷暑，自然却步；在阴雨之下，湿气袭人，顾客站没有位，当然不来。

（七）门避不祥之物

从心理卫生和环境卫生的方面而论，商店的门向还应避免正面对着一些被风水称为不吉祥的建筑物。

风水所说的不吉祥的建筑，主要是指一些类如烟囱、厕所、牛栏、马厩、殡仪馆、医院等一些容易使人感到心理不适的建筑。这些建筑，或是黑烟滚滚，或是臭气熏天，或是哭嚎，或是病吟。由不吉祥的建筑带来的这些气流，风水视之为凶气。

如果让商店的门朝着不吉祥的建筑而开，那些臭气，哭嚎，病吟的凶气就会席卷而来。经营些日杂小百货尚可，如若经营饮食，开办旅店，必然是食客少至，旅客稀少，因为谁也不愿花钱去闻那些恶臭气，去听那些哭泣哀鸣。而且，对于经营者来说，常处

在这样的环境之中，也会造成精神不正，心气不畅，甚至重者，还会染病成疾，商败人亡。

当然，在商店的选址时就应避免在有不吉祥建筑的区域开业，如因其他缘故要设店于有不吉祥之物的区域，开门时就一定要避开这些不祥之物，选择朝有上乘之气的方向开门，而且在大门之后处，最好再安放一架屏风，以对煞气再做些阻隔。

风水强调阳宅开门避开不祥物，从另一个意义上，就是强调人的工作和生活需要有一个空气清新、视感良好的环境。在良好的环境中，人们的工作精神愉快，智力的发挥也最好，自然人们做事的成功率也就最高。

信风水的华人最富有

风水在中国自古以来是一门玄学，也是一个强势文化。风水的研究从未间断长盛不衰。香港建筑师学会蒋文匡说，“全世界华人13亿8000万，其中4000万在台港澳和海外，这4000万华人都信风水，他们也是华人中最富的，现在中国内地富起来了，所以信风水的人也多起来了。”

在内地，风水的逐渐升温，已经超出了“人们可以把风水当作个人爱好”的热度。各方面对风水的合理性表示“尊重”。中国某些名牌大学早已开设了风水研究课程，需要特别指出的是，并不是所谓“作为历史问题研究”。像南京举办的风水班就得到空前相应。

风水长期作为一种学问和职业，它和最初的源流相比已经发生了多大的改变？“葬者乘生气也。气乘风则散，界水则止。古人聚之使不散，行之使有止，故谓之风水。”晋人郭璞《葬书》中语是至今可见最早的“风水”词源。郭璞的“风水”理论根本，就是以“生气”为核心，以藏风、得水为条件，以寻求一个理想的

墓葬环境为着眼点，以福荫子孙为最终目的。后世风水师们的主要工作，便是寻求能够藏风、得水、具有生气的吉地，用于安葬或是修建住宅，以便人们发展繁衍。《易经》作为万经之首，可是风水今天又以《易经》为理论基础，可见风水是最权威最热门的一种文化。

中国数千年的“风水”观念并非源自郭璞。河南濮阳西水坡发现的距今6000年的仰韶文化墓葬中，一具尸骨的左右两旁赫然出现了用蚌壳砌筑的、图案极为清晰的“青龙”、“白虎”图形。有学者认为，这两个图形是古人对于天上星象在地上投影的理解，这与后世的“左青龙、右白虎”的风水概念隐隐相合。风水术大肆张扬的魏晋南北朝，管辂、郭璞这样的风水宗师开始逐步完善过去有关风水的理念，并将其上升为一种理论。唐末，风水大师杨筠松、卜则巍流落江西，其后世子弟逐渐形成了“形势宗”的风水派别。而“理气宗”开始时流传于福建，宋朝有位风水大师王伋推行其说，遂形成了另一大风水派别。

如今在美国国会图书馆也能找到众多有关风水的书籍，许多还是外国人的著作。欧洲人对风水的接触从数百年前就已经开始。1850年，俄国东正教第13任驻北京传教士团监护官科瓦列夫斯基前往参观了位于北京昌平的明代帝王陵墓，这正是中国风水理论指导下建筑的巅峰之作之一。科瓦列夫斯基的记载中，当时十三陵几乎所有的皇陵都遭到了破坏，但这只是自然和盗墓者所为，而非前朝江山取代者所实施的暴力。恰恰相反，“满人的最后一次侵袭在征服汉人的同时，也被汉人的风俗和文明所征服。他们保留了前朝（明朝）的皇陵，还对其加以保护，实为明智之举。入口处的石碑就是见证。”

2008年，中国风水术充分应用于中国奥运场所。在奥运开幕式上，中国的风水罗盘也得到了展示。令人玩味的是，为了向北京示好，美国驻华大使馆也大搞风水，风水的今天已走上政治舞台。

利用颜色来增旺职场的风水

我们在办公室工作的时间，往往占据了生命当中的大部分，清晨光鲜亮丽的走出家门，真是不希望每天灰头土脸的从办公室落败而归。

职场，情场，N多场，我们都要笑傲江湖，下面我来介绍几个简单的办公室风水必杀技，希望各位一定谨记在心。

首先，所谓风水，一定跟方向位置有关，大家肯定不能拿个罗盘在办公室里找方位，这样的画面出现了，主管看了一定打屁股。所以我们给办公室定风水，直接找主管或者大boss的位置，把他们的方向定为吉位，我们假装自己是向日葵，把这些boss们的位置当做光照点，这样，开始工作就基本完成了。

找到了吉位，我们也落座了自己的位置，接下来该怎么办呢？我们先把包包放在桌上……好，停。我们看看桌子的颜色和自己座椅的样式，办公桌椅看似不起眼，但这就好像是古代将军的坐骑和兵刃，当然要选择顺手和对自己有利的。现在的办公桌多以木质和硬塑料为材质，每个人的风水属性不同，所以喜忌也不同。我们在颜色上面可以弥补和加强一下风水的力量。

喜火的人，桌上面摆一块红色或者艳色的桌布，或者干脆来一张万紫千红牡丹图当做背景，既复古又吉祥。每天和这些红彤彤明艳艳的牡丹近距离微笑，兹当温暖身心脾肺，怎么可能还霉气冲天？

喜土的人可用黄色或者咖啡色，让我们角色扮演，就当自己是老佛爷下凡吧，如果嫌穿金戴银的颜色太俗气，那就用某V的经典标志和图案样式来当桌面，淡咖啡色和棕色刚好旺喜土人的五行，时尚度就更不用赘言了。

喜水的人可用黑色或者蓝色，我首先想到的就是机器猫，我们每个人都想抛开成年后的燥郁，蓝色圆胖的机器猫有个万能口袋，每天笑眯眯的对着我们，就是撇开命理五行，光想想小时候由他陪伴的时光，也够愉悦身心的了。

喜木的人可用绿色或者青色，新的世纪，我们讲究环保和爱护地球。一般喜木的人多情绪起伏大，放一张绿色的环保桌布，对于五行喜木的人也是一种平静心灵的方法，绿色的环保桌布不但容易让人平和，更有利于眼睛的保护。

喜金的人可用白色或者银色，我们都喜欢大眼睛的动物，觉得好看有灵性，银色海豚不但眼睛是笑眯眯的，就是嘴角也是向上微笑的，放一张禁止捕杀鲸类的桌布，不但彰显了五行喜金人的正直和善良，也为海豚的生存权益尽一份力，而且也旺了自己的人气。

说完了桌面上的桌布，我们再检查一下办公桌是不是摇晃或者有残缺，大家想一想，要是打仗的战马是个瘸腿的，我们怎么跑的快呢？我们可以在摇晃的桌腿下面垫块东西，或者直接换一张办公桌。损坏的办公桌就好像让人下了绊子的马儿，跑的越来越慢，甚至越来越偏，对我们的事业运，必然有影响。

新的生活，从桌面开始，古语云“一屋不扫何以扫天下”，笔者借此句一用“一桌不理何以理人生”。

屏风在风水中的意义

屏风与玄关的本义是不一样的，屏风主要是用于分隔空间，但由于玄关的造价比较贵，因此当代人就利用屏风代替玄关使用。虽然玄关与屏风两者的名称不同，但是在使用上它们的功能、作用和意义是一样的。客厅屏风是设置在住宅大门口内，距离门框有 5 尺以上的位置，具体尺度应视客厅面积大小而定，屏风的高度

以2米定量最为适宜。屏风太高，不仅会使宅主有压迫感，而且会完全阻挡屋外之气，甚至隔断来自大门的新鲜空气或生气，如果屏风设置得太低，就无法使其达到阻隔冲煞气流的效果。

客厅屏风处于从室外进入客厅的必经之路，是入客厅的缓冲区。它能使进入者静气敛神，同时也是引气入室的咽喉要道，除了具有防冲、防泄功能外，还具有避煞挡煞的风水作用，也不失为家居住宅中能起美化作用的高雅装饰品。因此，客厅屏风设置的好坏，关系到客厅风水的吉凶，可直接影响住宅内主人的运气。

在客厅门口的近处设置屏风，不是把客厅分割成若干个小气场，而是运用屏风灵活地改变门向，调整生气的来路，使宅主处于良好的气场之中。从当代科学的角度来说，在客厅设置了屏风，进宅的气流速度缓慢，使得接近人体的气流与人体气脉运行的速度相等，人就会产生舒适感，对于人的身心健康有很大的益处，这就是设置屏风的真正价值。

现代风水的化煞绝招

讲到风水，不可能避免谈到煞气。有煞就要制煞化煞，任何制煞化煞的方法，不外乎四个字：遮、挡、避、制。

遮：用植物、阑珊、装饰等遮掩，可以通过园林绿化，装饰设计等手段来达成目的，眼不见为净，视线范围内见得愈少愈好。

挡：用装饰或物件挡住，使之视而不见或看不到形煞，减少心理负担和压力。

避：移开门户或形杀，避之则吉。或运用玄空理气方法改门易局，煞变为用，化煞为全。这种最直接的方法是三十六计，走为上计。

制：用吉祥物件方法制化，如镇宅用神佛、蜈蚣杀用鸡、路冲用泰山石敢当、阴邪用麒麟、小人用青龙等等。这些方法见仁见智，必须用到位才有效果，千万不要把风水变成迷信。

工厂风水的重点在哪里

工厂风水涉及很多方面，这里主要谈谈车间与办公室之间的关系：

此事说起来也很奇妙，我看了那么多工厂风水，十个旺厂的十个车间都是生旺办公室的，有些是办公室“旺”厂车间的，多数是经历坚苦努力才达到经营平衡的。而车间克办公室或办公室克车间的工厂十个有九个是人员关系不好，出现反上或压制等现象，更甚者工人对老板有人身攻击行为，相反老板压制工人造成伤亡事故的也时有发生，可知车间与办公室之间风水是何等重要！

工厂是生财的重地，想要财运兴旺，风生水起，就得找个既生旺主人又聚气的环境风水宝地。从风水的角度看，工厂内部的颜色，要和工厂主的命局五行、工厂的座向以及所生产商品的五行属性相结合布局。在选择工厂宅址时，讲求工厂开阔，接纳八方生气，这与经商讲究广纳四方来客契合。按照这一原则，选择工厂的地址时，也应该考虑工厂正前方的开阔，要求不能有任何遮挡物，比如围墙，电线杆，广告牌和过大遮掩的树木等等。讲求工厂门前的开阔，可以使工厂面向四方，不仅使工厂的视野开阔，还可以让在较远处的顾客能看到工厂，这样就可以将工厂经营的商品信息传播出去。风水把这种信息的传递，叫作气的流动，有了气的流动，就有了活力！从经商的角度说，顾客和行人接受了工厂的商品信息，就可能前来订购。

风水所说的不吉祥的建筑，主要是烟囱、厕所、殡仪馆、医院等一些容易让人感到心理不适的建筑。这些建筑，或是黑烟滚滚，或是臭气熏天，或是哭嚎，或是病吟。由不吉祥的建筑带来的这些信息，风水视之为凶气。如果让工厂的门朝着不吉祥的建筑而

开，那些臭气，哭嚎，病吟的凶气就会席卷而来。而且，对于经营者来说，常处在这样的环境之中，也会造成精神不振，心气不畅，严重者，还会染病成疾。所以，在选择地址时一定要慎重哦！

温州明珠大酒店风水调理

浙江温州明珠大酒店是当地比较有名的餐饮企业，位于市区的繁华地段，面积5000多平方米，员工有500多人。刚开张的时候，由于设计的不够理想，在风水上存在着很大的问题，致使营业中经常发生打架斗殴事件，而且人才留不住，经济效益可想而知，只开了三个月就面临着倒闭。

正巧此时我正在浙江为一家房地产企业调理风水，温州明珠大酒店的老板闻讯后立即把我请了过去，对酒店的整个环境进行了比较彻底的大调整。

调整方案如下：

1、在一层大厅的北面建有一长方形的花园，透过玻璃窗由大厅可望到花园的风景。在花园的西北面种满花草，正北面建一椭圆形喷水池，东西长11米，南北宽2.6米。内养金鱼，在喷水池的北面坎位立一座人造石山，上面养只乌龟，用来压制煞气。喷水池里的金鱼，后面的假山和各种花草，给人一种清新亮丽、心旷神怡的感觉。水和鱼都起到聚财旺财的作用。

2、在花园的南边，也就是整个大厅的东北角，建一座大型佛堂，佛堂的正中供奉一尊金碧辉煌的大肚弥勒佛，长1.3米，宽1.7米，高1.7米，大肚佛笑脸迎人，大肚能容，以化解各种煞气和邪气。在大肚佛的东面，又供奉西方三圣，在如来佛相前设在香案和功德箱，整个佛堂高出地面五个台阶，调理后香火很旺，每天来上香的人络绎不绝，也就带旺了酒店的生意。

3、玻璃窗靠大厅的一面是大厅的明堂，在玻璃下有一幅巨大

的迎客松图画，在这幅画的下面设有来宾休息的沙发，起到聚集人气，招徕生意，聚气招财的作用。

4、大门开在东北方，门前有两座麒麟，起到招财化煞的作用。酒店的名牌过去是横放的大门上的，调理后，把“东海明珠”四个字制成巨幅牌匾竖着挂在五层楼高的位置上，牌子的背景，用霓虹灯绘出海上波浪及八仙过海的景观，十分醒目，寓意深刻。

5、进入大厅的明堂，在佛堂对面的地方，原来是老板的办公室，现改为接待室，门前有一对小麒麟把门，室内佈有山水画，接待室外面是一大型的风水墙，墙上有八仙过海的巨幅山水画，佛堂的一侧挂了一幅巨大的迎客松。这里有仙有佛，这样一来，就把原来经常出恶性事故的地方，改造成为一片祥和之地。

6、迎客松对面横穿大明堂的是电梯，电梯背后挂了一幅牡丹花开富贵图，电梯四周种植了各种各样的花草，电梯的对面是中部的收银台，电梯和收银台之间开成了一个小明堂。收银台上放上财神爷的铜像，前面放了一对貔貅，两旁摆放几盆开运竹，起到了化煞招财和作用。

7、最南面的位置是演艺厅，在500多名员工中挑选出20名貌美出众的服务员组成一个演出队，为顾客表演各种文艺节目。

8、对老板办公室的位置进行了比较大的改动，由原来设在西南方坤位搬到了西北方乾位，一改原来头重脚轻的格局，使老板坐在办公室里就能总揽全局，又能观赏到外面的风景，这对企业的发展前景十分有利，拓展了事业空间。

9、在老板办公室里的财位上，摆放了108卦阵法的铜器吉祥物，从而确保大酒店起死回生、扭亏为盈。

经过这次调整后，很快就取得了可喜的效果。当晚上座率就明显增加，到了第三天晚上，达到爆满，服务小姐都不够用，人人穿着溜冰鞋上菜，忙得不可开交，日营业额有时能达到一百多万元。自此以后，生意越做越红火，现在已开了三家连锁店，七家分

店，成了温州名副其实的同行业龙头老大。

某起重设备有限公司的风水调理

某起重设备有限公司属股份制工业企业，主要从事单梁起重机、双梁起重机、门式起重机、电动葫芦、防爆系列起重机的制造与销售。

公司地处起重工业园区，占地15.6万平方米，现有员工700余人，拥有固定资产5600余万元，60余家销售网络辐射国内外，拥有各类加工设备286台（套），能独立完成车、铣、刨、磨、拉、镗、滚、钻、冲压、切割、折弯、卷板、铆焊、化验及热处理等全部工艺流程。技术力量雄厚，拥有中、高级工程技术人员60余人，担负全部产品的设计、开发并在制造检验过程中发挥主要作用。公司已通过埃尔维质量体系认证，拥有完善的质量保证，严格的管理制度，强大的生产能力和先进的检测手段，主要产品属省重点保护产品，公司多次荣获部、省、市全面质量管理达标企业，重合同守信用企业，质量信得过单位，科技先进单位等称号，是新乡市纳税文明单位。

可是近年来，该公司每年工伤连续不断，经常出现各种各样的事故，搞得人心惶惶，公司领导也被弄得焦头烂额，生产上不去，经济效益大幅下降。为此，领导专程来海南邀请我前去调理一下。

调理大型风水必须要对周围的环境做以充分地了解，必须要把握路、向、门这三要素。来到公司后，我绕着厂区在外面走了三圈，对各种相关的情况有了充分的了解。

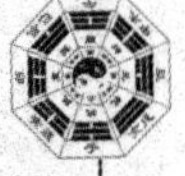

经观察发现，公司的厂房和大门在风水方面都有问题。大门开在西面，西北有条路向外拐出又回进，冲着大门，这在风水学上叫白虎探爪；大门向外伸着头，为白虎抬头。这些都有肃杀之气，易生伤灾。在门上有个厂标压在门头，这些都是风水上的大忌，象征着公司领导心头压着沉重的负担。所以首先要把这些问题立即改正过来。把门缩回来，改造成收缩推拉门。

厂区的围墙不能露气，所以在正对大门的路尾处东墙前设立9.9米广告牌，上面画黄果树瀑布、山水画，化解西方金剑煞；牌上边是两条龙，二龙戏珠的造型。门缩收是以软破硬，路为龙，直冲过来也是剑煞，用画挡住剑煞，可以起到聚气的作用；在对着大门的车间两边放了两只大象，用来化解煞气。

另外，在厂区的西北角修建了一个圆形喷水池，让龙入水口；喷泉后建座假山，分三级流水。从乾位来龙为正宗金龙，所以在大门的西北乾位修了19.9米高的铁架，上有不锈钢球，上为圆为天，下面三角架，为方为地，中为女人细腰形状为财。在球架东北方对着办公楼的地方放了一头牛，东南方建文昌亭，东北方开一个假门，内侧修五个台阶，放了三个缸，代表三江之水，两边圆球。在西南位上挖了圆水池，里面养了很多小鱼，旁边做了高大塑雕：五羊护财。这些都起到了催财招财作用。

办公楼坐北朝南，在办公楼的大门两边放了两个麒麟，起到催财催贵、化煞解灾的作用。在公司领导办公室的旁边设立了佛堂，亲摆设了108卦阵法。

经过调理，我向公司领导承诺：五年内该公司厂区不再发生严重的工伤事故。今年春节，接到该公司老总打来的拜年电话，告诉我说，自从调理到现在，也有两年多了，再也没有发生过重大工伤事故，经济效益越来越好，去年盈利了二千多万，今年比去年还好，盈利接近三千万。

金凤凰酒店家具
制造基地风水布局详解

一、金凤凰酒店家具制造基地背景简介：

金凤凰酒店家具制造基地坐落在风景秀丽的江南历史名城，它是金凤凰家具（国际）集团的一个分支机构。其总部设在深圳。

深圳金凤凰家具（国际）集团公司位于美丽的南国海滨——梧桐山下大鹏湾畔的龙岗同乐工业区。集团前身，金凤凰家具有限公司于二十世纪九十年代与意大利家具制造商（HKT）联合创办。历经艰辛创业，现已凤舞九天，成为拥有四个大型制造加工基地、一个产品研发设计中心、两个海外贸易公司、两个大型自营专卖商场的初具规模的集团型企业。

公司老板是福建人，对祖国的风水文化有着深刻的认识，曾多次聘请我为他旗下的分公司调理风水，均起到了立竿见影的成效，对我信任有加。最近，他们购置了面积约为1600亩的土地，取得了为期60年的使用权，兴建了一处规模宏大的酒店家具制造基地工业园区。为此，又专程请我担纲工业园区整体风水设计之重任。

二、风水调理布局如下：

经全面规划，反复测评，结合周围的山川地理形势，按照现代风水理念，我为金凤凰集团打造出了一个既有现代浪漫主义风格，又有古典主义特色，中西合璧，异彩纷呈的新型工业园区。

园区东临国道，其他三面有小河环绕；从这个地理环境出发，我为园区内外精心做了风水调理和布局。

1、园区大门

园区主大门朝东，紧临南北走向的国道，临国道的大门，每天车辆川流不息，煞气很重。我把大门设计为120米宽，中间分隔为车行用门和人行用门。这样的宽度，一个是要与园区的整体面积相配，园区的面积很大，大门就不能太小，大门小了，财气就进不来；二是取1和2两个数，这两个数的先天八卦数分别为“乾金”和“兑金”，金生水，也代表金钱，主财气，所以这是一个招财门。大门前两侧安放了两座石狮子，石狮子的功能是起挡煞和化煞作用的，以此挡住南北方向来的煞气。两边设有门岗，有四个门卫昼夜轮流值班。门岗外侧有行人出入的步行门，内侧有小车出入之门，中间是大货车的进出门。各行其路，各得其所。

2、假山喷水池

门内设一座大型的喷水池，后边建一座假山，假山高3.3米，宽3.9米，正面对立着大门的是金字雕刻的公司名称，背面刻有公司历史简介。

风水上讲，山主人丁水主财。在大门内侧设置喷水池，用不停喷出的泉水催动大门口的财气，喷水池流出的水“横”在大门内侧，寓意着“发横财”之意，马无夜草不肥，人无横财不富，喷水池强化了大门招财旺财的功能。

假山的高度为3.3米，不能设计太高，太高了会挡住人们的视线；也不能太低，太低了就少了一点气势。取3这个数，3的先天八卦数为“离火”，假山的五行属“土”，火来生土，山主人丁，此处代表着员工和客户，有离火来生，寓意着人丁兴旺，象征着企业人财两旺，财运亨通。

3、办公楼前

假山后是小型花园，种植了各种花草，花园的后面就是半圆形9层楼高的公司办公大楼。在办公大楼的门前两侧摆放了两座石雕麒麟，大楼的左前方立了三根旗杆，大楼四周种植了翠竹。楼前与花园相隔的中间是比较大的地下停车场。

小型花园的作用一是美化环境，二是种植的花草对喷水池也是一种陪衬和烘托。水池五行属水，花草五行属木，水生木，木生火（3.3米假山之离火），火生土（假山），土生金（120米大门之乾兑金），形成一个五行相生，循环不断，生生不息的良性气场。

半圆形的办公大楼起藏风聚气的作用；9层高的办公大楼，9为阳数之极，为乾，为天，象征着企业雄居天下；企业的领导在员工和同行业面前，有着很高的威旺。办公大楼门前的两座石麒麟起着化解煞气、催旺财气的作用，小区的大门用石狮子，而办公楼的门前用石麒麟比用石狮子更好，不但能化煞，而且还能催财。

三根旗杆是企业和公司领导的象征，安放在办公大楼的左前方，为文昌位，象征企业名气大，领导有方，文明生产，规范经营，公司管理井井有条。大楼四周种植的翠竹象征公司不断进取，节节升高。

把停车场设在地下，既节省了地面上的大片空间，使办公楼前的明堂更为开阔，又有效地避免了形煞的影响。地下停车场是阴气聚集的地方，所以在入口处也放置了两座石麒麟来化煞，但形状要比办公大楼前的要小一些。

4、办公楼后

办公楼后的风水规划设计更为重要，它是整个小区的主体。

办公大楼的后门是一条东西走向的主路，我在主路的最西端设立了一个大型风水牌，做为办公大楼的靠山。

风水牌高3.9米，长6.7米，牌子上沿是公司名标——“金凤凰”的彩灯装饰字体，两端分别有两条龙环抱着这块风水牌，龙头对着彩灯，龙尾顺牌而下。寓意着龙凤呈祥，吉祥喜庆。风水牌上面绘有巨幅山水画，有山有水有帆船，帆船上有渔翁撒网打鱼，岸边有游人坐在石礅上休息的画面，寓意着公司财源广进，客户众多，员工尽心尽责，公司凝聚力、向心力强，能给员工带来丰厚的生活保障，也能给社会送去好的产品和服务。

这块巨型的风水牌也象征着从水中引龙，这条龙从牌子下面的主路引下来，龙头直冲向办公大楼的后门。

在办公大楼的后门不远处，还有一条南北走向的辅路，在主路和辅路的交叉处，我布置了七个太极球，球与球之间立着石柱，柱子上各设有一盏彩灯，中间立有一根较高有石柱，上面顶着一只金凤凰。整体上看，呈现出金龙戏珠，龙凤呈祥的造型。这个造型寓意着引龙入室，将龙脉从做为靠山的风水牌中引进办公大楼，从而形成了极强的风水威力。

5、园区周围

整个园区被水环绕，大门内喷水池的来水，是由南北两面的人工河源源不断地供给的。人工河宽6米，从南北两面把办公大楼环抱，曲折有情。对着大门前两边的人行路入口处，修了两座汉白玉拱桥，桥拦杆是龙的形状，桥头各放两只迎客石狮，两座桥的整体造型就象两条龙的龙头，汇集在喷水池中央，远处一看，又是一个二龙戏珠的壮观景象，水池内装有彩灯和音乐喷泉，每逢节假日或重大的喜庆日子，华灯齐放，色彩斑斓，生机勃勃，充满活力。

在园区内主路与南北人工河之间，有纵横交错的小路相连，两旁是商铺，把园区分成了九宫八卦形的图案，路与河的交叉处有桥连接，使整个园区形成一个路通、水通、气通，从而达到人气旺，财气更旺的风水有情流转的最佳景观。

6、园区四角

在园区的东南西北四个角落，我也做了精心的设计：

在西北方，建起了一座79米高的灯塔。西北为乾位，为天门，主企业的名气和实力。天门宜高，此处的高大建筑，是企业实力的象征，预示着企业不但可以做大，而且也能做强，更利于企业的外向型拓展。

在东南方，修建了一座八角形的凉亭。东南为巽方，为地户，

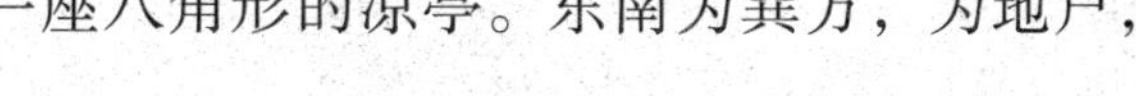

地户宜平。八角亭象征八卦，称为文昌亭。此处建文昌亭，可促进企业的名气声望大幅度提高，对吸引科技人才，提高产品质量，起着潜移默化的影响。

在东北方，修建了一对子母象。大象是招财化煞的吉祥物，东北为艮方，艮方为风水学上现行九运的生气之方，艮又代表员工。此处的子母象，象征着企业的员工与管理者精诚团结，互相关爱，亲密无间，齐心协力，共同为企业创造财富。

在西南方，修建了一座 26 平方米的椭圆形的养鱼池。西南为坤方，坤主顺，为聚财之地。此处养鱼，鱼代表水，也为财，预示着企业的现金流充足，资金周转快，经济效益蒸蒸日上。

7、园区四正方

在整个园区的四正方，我的设计理念是：

大门开在正东方，既是由地理位置决定的，又因为正东为震，震为雷，主威旺。震方开门，代表企业威武雄壮，名声远扬，威震四方。与震相对应的西方。西方为兑，兑为口，为泽，在此处不能开门，开门就易泄漏东方引来的财气，所以就设了一个大型风水牌，做为企业的靠山，可使企业稳步向前发展。

在南北两个方向，分别开设了两座大门。北方为纳气之门，所以开设了 27 米宽的向园区里凹进的伸缩门，广纳乾、坎、艮三方的生财之气。南方为向阳之门，所以开设了 19 米宽的向外凸出的自动门，象征着不断探索，积极进取的企业精神。

经过我全面设计规划，一座充满古典韵味的现代化工业园区，屹立在世人面前。

三、调理后的功效

规划调理以后，金凤凰酒店家具制造基地正式投入运营。运营以来，公司内部治理以人为本，用人政策广纳贤才，企业管理求精求严求到位，并以严格严密的管理，通过了欧洲 EQA—

ISO9001（2000）国际质量认证。近年来，公司以上乘的产品质量、优异的售后服务赢得了广大客户和消费者的交口赞誉，相继获得“质量信得过产品”、“中国名优产品”、“中外名牌产品”等荣誉称号。2006 年 7 月，金凤凰再获殊荣，成为中国奥委会唯一专用家具产品。

目前，金凤凰家具（国际）集团公司已经跻身于中国 500 强企业之列，他们满怀着信心和希望，向世界 500 强的目标奋进，我相信，在如此精密的风水格局映衬之下，这只“金凤凰”会飞得更高更远！

浙江某房地产集团开发区的风水调理

浙江某房地产集团成立于 2000 年，注册资金 12800 万元，专业从事房地产开发经营，年开发能力在 30 万平米，是绍兴市房地产行业中脱颖而出的一枝新秀。

该集团在开发的精品楼盘项目，请我进行风水调理后，销售情况大为改观，以前卖不动的楼盘没过多久就全部销售出去，风水调理的效益十分显著。这次他们在浙江韶兴开发的“情缘龙山商业区”项目，集团老总特地请我亲临现场指挥，进行风水调理。

一、项目特点：

“情缘龙山”是集团专门打造的高尚纯体验式休闲商业项目。位于绍兴城西府山公园山麓的商业繁华地段。这里的地势南高北低，河流纵横交错，古庙宇和现代建筑交相辉映，从风水角度进行考察，并不十分理想，主要有如下几个特点：

1、该商业区建筑在一个南高北低的坡地上，坐南朝北，坐山之水也是由南流向北方，为倒流水，是风水学上的大忌，叫做黄泉大煞，反弓水。

2、商业区的南面是一条东西走向的马路，马路的南面从东往西流的小河，河路横流在风水上讲是水分两路，水不归槽，为祸患水。

3、该建筑群的东面有一座和尚庙，西面有一座尼姑庵，寺庙为阴气聚集之地，在此建筑商业区，形成两阴夹一阳的格局，在风水上叫作阴阳反错。

4、商业区内正南方是开发商自己建造的一座孔夫子庙，庙前9米宽的马路向北一路下坡直冲商业区外电视台的发射塔，电视塔对孔庙也形成了很大的煞气。

二、调理方案：

针对这样的地型特点，我做了如下风水调理方案：

1、在商业区的东南坤方，安放三只石雕羊，取其意为三阳开泰。下坡路临街的围墙加高5—7米，下坡路靠近路口的地面上砌上10公分的土埂，挡住下滑的水流和气流，四周栽种上各种花草，起到聚水聚财的作用。

2、在临街的右方白虎位上安放两尊石狮，头朝马路，以压煞气；在西北乾位临街的地方，安放了两座麒麟，并在此位上摆放了108卦阵法，起到化煞旺财的作用。

3、在商业区西方兑位上安了两根“金龙盘玉柱”，以化解尼姑庵的煞气。

4、在东北艮方的十字路口处，也就是在东边下坡路的路口和北边街道的交叉路口处，安放了两尊大象，象头朝北，为聚财象。在大象的西面，安放一头卧式青牛，以挡住北面科技楼不规则建筑物带来的煞气。在艮方的售楼处办公室里也摆设了108卦阵法，售楼处的北面的地下停车场，入口处放了两尊玉狮，都起到了化煞招财的作用。

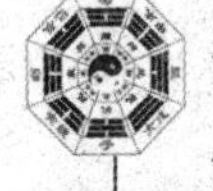

5、所有在南面高坡流下的水都从路下面的暗河归到东震方，

也就是西边的水，流经第一个路口时拐向东方，汇到一个蓄水池，并与东面的水在第二个路口汇集在另一个蓄水池内，此为收水，可聚财气。

6、在东南巽方第一个路口处建两个金龙盘玉柱，以化解和尚庙的煞气。

7、以高坡上最上方之离方的孔夫子庙为坐山，经中央一路下坡到北方的入口处即坎门，采取了一系列的化煞、调理及聚财、聚气的措施：

（1）为防止中央9米宽的马路直接冲射对面的电视塔，在庙前树立一座孔夫子的全身汉白玉雕像，面朝北而立。四周栽满了竹子，以烘托圣人的高大庄严的形象。

（2）在夫子像的北面设九星太极球，用以化解电视塔的煞气。

（3）再往北就是与东西马路交叉路口的第一个蓄水池，起收财聚财的作用。

（4）蓄水池北面的第二个交叉路口处建一个圆形的街心花园，花坛中央植有五株铁树，象征金、木、水、火、土五行，四周栽满花草，以五行流通顺畅来起到化煞解灾的作用。

（5）再往北到第三个路口，也就是整个商业区的正大门的入口处。大门在小区的正北方，为坎门，门的两侧用四根高6.9米的大圆柱搭建了一座门楼，门楼外临街摆放了两只铜制的麒麟，口叼玉书，与最南面的孔庙遥相呼应，显现文圣的神奇色彩。四根门柱上都挂着彩灯，临街的两根上挂的是红灯，门里面的两根上面挂的是绿灯，红灯抗煞气，绿灯招财气。